MEMORIA de la HISTORIA

Episodios

Memoria de la Historia pretende ofrecer a los lectores la Historia contada por quienes la hicieron, por los mismos *personajes* que en vez de figurar en las páginas de los libros como objeto pasivo, adquieren voz y nos cuentan su vida y su peripecia en primera persona. La Historia como una novela personal, autobiográfica, en la que todo lo que aparece en estas páginas es verdad, con hechos ciertos y comprobados, pero que se presentan con la inmediatez y el dramatismo que da al relato la voz del protagonista, supuesto historiador de sí mismo gracias a la pluma de unos escritores que consiguen el difícil y apasionante equilibrio entre los materiales de la crónica, tratados con el máximo respeto, y el enfoque que corresponde a la más amena de las narraciones novelescas. Otra vertiente de estas semblanzas es la evocación de *episodios* del pasado en tercera persona con todo el rigor que exige el trabajo del historiador y la amenidad de la novela.

Éste es el objetivo de una colección que aspira a fundir lo más atractivo que pueden ofrecer la historia y la literatura.

Disparates regios

Pedro Voltes

Disparates regios

Augustos desatinos, crímenes y tropelías

Planeta

Córcega, 273-279, 08008 Barcelona (España)
Diseño colección de Hans Romberg
Ilustraciones cubierta: Gustavo II Adolfo, rey de Suecia, pintura del siglo XVII, Kunsthistorisches Sammlungen, Innsbruck y huida de los habitantes de una población ante el avance enemigo, pintura de S. Vrancx, Musée des Beaux-Arts, Arras.

Procedencia de las ilustraciones: APN, archivo del autor, Archivo Editorial Planeta, Archivo Mas, EFE, Europa Press, I. Rourell

Primera edición: diciembre de 1994
Depósito Legal: B. 37.892-1994
ISBN 84-08-01248-7
Composición: Ormograf, S. A.
Papel: Offset Munken Book, de Munkedals AB
Impresión: Duplex, S. A.
Encuadernación: Auxiliar Gráfica Jiro, S. A.
Printed in Spain - Impreso en España

Índice

PRÓLOGO

¿Por qué Disparates regios? *¿Y por qué no? Hay bibliotecas enteras sobre disparates médicos, disparates judiciales, disparates militares, filosóficos y científicos. Nosotros mismos nos dedicaremos a agrandar esos otros repertorios en un futuro cercano. La ciencia como tal no padecerá nada porque hilvanemos entonces una serie de errores, desaciertos y fraudes cometidos por Newton, Galileo, Ptolomeo y docenas de figuras de menos renombre.*

El presente libro puede ser contemplado según tres luces distintas: en primer término, cabe, ciertamente, calificarlo como una lista de comportamientos insólitos de figuras históricas de todos los tiempos y países, las cuales muestran una nota común: el pertenecer a la realeza, aun cuando sea muy diferente el reinar en el antiguo Egipto o en la Dinamarca actual. Dentro de este plano, el volumen constituye un florilegio de estampas históricas entretenidas.

En segundo lugar, el libro trae noticias sobre personas que durante milenios han simbolizado la energía, la fuerza, la sabiduría del hombre en un grado tal de excelencia que entraba en lo sobrehumano. Tanto es así que la figura abstracta del rey se mueve en una zona prodigiosa, mágica, intermedia entre la familia/ciudad/asamblea y el plano de los prodigios, las estrellas, las tempestades, los ángeles y las profecías. El rey ha cumplido y sigue cumpliendo dos funciones muy diferentes y casi antagónicas: por una parte, es custodio, árbitro, fuente y brazo de la ley, el orden y la administración; por otro, es el que invoca el furor de la guerra, el único que legalmente puede hacer derramar sangre, el habilitado para actos mágicos (como declarar, aun hoy, hijo legítimo a un individuo que no lo sea); es también el llamado a recibir directamente apoyos celestiales. Hasta hace poco, la letra del himno nacional británico contenía esta estrofa: «Oh, Dios, álzate: dispersa a sus enemigos (los de aquel monarca) y hazlos caer, confunde la política de ellos y frustra sus canallescas tretas...»

El disparate regio primario consistiría básicamente en una confusión y trastrueque de las esferas de lo legal/lógico y lo mágico, de modo que el monarca actuara en uno de estos ámbitos con el utillaje correspondiente al otro. Dumézil, en su importante libro sobre Les dieux des Indo-Européens *(París, 1952), ha aquilatado tres cometidos fundamentales de la realeza histórica: son el gobierno, la guerra y el fomento de la riqueza del pueblo, cada uno de ellos encarrilado por un ritual fijo. Se puede recordar como anexa a esta tríada la división de las sociedades antiguas en sacerdotes, guerreros y trabajadores.*

La noticia de disparates regios que aquí enhebramos ayuda a captar y valorar las interacciones entre rey y sociedad ocurridas dentro de la trama creada por aquellos ejes. Lo más sustancioso de cualquier desacierto de una persona regia no estriba en lo que nos indica acerca de ella, sino en lo que nos da a entender acerca de la sociedad donde ha ocurrido. En tal orden de cosas –triste es decirlo–, los disparates siempre resultan más expresivos e informativos que los actos normales: tal como se profesaría en el acre y convulso periodismo de hoy, «no es noticia» el que un rey dé premios de aplicación a los niños de una escuela, pero sí lo sería, en cualquier época y país, que les mandara cortar la cabeza.

Un estudio publicado en la revista Annales *en 1978 por Dean A. Miller, sobre teoría histórica de la realeza y la aristocracia, nos ayuda a sugerir un tercer nivel en el que puede leerse el presente libro: dicho autor esboza que en los pueblos primitivos es usual que cuando hay que tolerar que uno de sus personajes gane poder se desea mortificarlo poniéndole límites. Los primeros en acotar e inspeccionar la actuación del rey son por axioma los nobles de cuyas filas ha salido a menudo. La política europea ha consistido esencialmente en que los privilegiados –no la plebe– busquen y perfeccionen mecanismos para restringir el poder de un hombre, y para ello le someten a mil prohibiciones de toda especie.*

Lo mismo hacemos en las sociedades modernas obligando a quien ha llegado a rey –y también a quien ha subido hasta académico, magistrado, coronel o banquero– a que se sujete a determinadas tablas de comportamiento. En su origen tradicional, éstas denostaron tres pecados principales: la idolatría, la fornicación y el homicidio, quebrantamiento de sendos pilares de la convivencia. Más tarde, la estabilidad colectiva pasó a dar importancia –acaso más– a otros preceptos: que se paguen los debidos impuestos o que no se haga contrabando, por ejemplo. La preceptiva que rige a la realeza cambia también de un país al otro y de una época a la siguiente, y así se admite o se deja de admitir en ella el adulterio, la prodigalidad, o cualquier rareza.

El presente libro no se propone otra finalidad que el solaz del lector aficionado a la contemplación de lo pasado. «Los historiadores somos pescadores de caña –escribía hace más de cuatro siglos Luis Zapata– que ponemos al lector en la mesa los peces que caen en la red de la memoria.» Sería desatinado buscar a este volumen tendencias o intenciones de mayor complicación; peor aún, sería ocioso. El príncipe Felipe de la Gran Bretaña, duque de Edimburgo, ha dejado dicho que «la mayoría de las monarquías de Europa han sido realmente destruidas por sus máximos y más ardientes defensores». La frase, que aprobamos, no desentona de la moraleja contenida en los tratados de los grandes pensadores políticos de nuestro Siglo de Oro.

I. FLORILEGIO DE IMPRUDENCIAS

1. Las credulidades peligrosas

Prefacio sobre la credulidad de los grandes

«Olvidamos a veces que los monarcas son sólo personas normales atrapadas por circunstancias anormales», afirma Michael Macdonald, según recoge el libro *Royal follies*, de Randall, que consultamos repetidamente. El singular marco de aquéllas explica que el margen de error en que pueden caer por candidez es superior al usual. En este punto es de observar que existen dos especies de ingenuidad: la normal y la súper, que estriba en la creencia de que uno es listo e inventivo. La segunda es la que resulta peligrosa; dicho más exacto, tiene una peligrosidad directamente proporcional a la cantidad de confianza que se posea en la propia agudeza creativa. La historia no anda escasa en ejemplos de ella, porque cualquier rey de cualquier época y país ha tenido cerca a personas que le han asegurado, desde su niñez, que poseía talentos e iluminaciones especiales; salvando, claro está, casos muy respetables, que no invalidan aquella norma.

Si un desaprensivo ofrece al monarca atajos expeditivos para resolver algún apremio, es explicable que el poder se precipite a seguirlos: así ha sido cuando se ha querido obtener por medio de la alquimia el oro que no llegaba por los caminos usuales, cuando la astrología ha ofrecido orientaciones que la ciencia ordinaria no sugería, o cuando se ha querido forzar por vía de truco o maña la acción política. Algunos ejemplos de variado estilo ilustran luego este planteamiento que, por lo demás, no tiene nada de sorprendente.

Debe hacerse punto y aparte con un estilo especial de crédulo optimismo regio, que se dio en algunas partes dentro de la industriosidad de la edad moderna. El rey de Inglaterra Jacobo I (1566-1625) abrió la marcha con el designio de montar en su reino una gran factoría sedera, para lo cual compró en 1609 diez mil moreras y las plantó en un terreno donde curiosamente se edificaría el palacio de Buckingham al cabo de más de un siglo. Se procuró los gusanos y se sentó a esperar, lleno de confianza. Desgraciadamente, el rey no sabía que hay dos clases de morera, la blanca y la negra; la blanca es la que da las hojas que comen los gusanos y la negra, o moral, la que da las moras apetecidas como fruta y que los gusanos desdeñan como cosa totalmente ajena. Apenas hace falta añadir que el rey Jacobo había plantado los árboles equivocados y que los gusanos no colaboraron con su proyecto. La finca se convirtió en un jardín de paseo del duque de Buckingham, y luego en palacio real. Parece que en una esquina del mismo se conserva una de aquellas moreras.

Un factor adicional queda por mencionar en el repertorio de ingenuidades regias. Edmund Burke repitió en 1780 la idea, por lo demás muy antigua, de que «los reyes son naturalmente aficionados al trato de gente baja»; las razones son obvias y no necesitan aquí especial glosa. Cae por su peso que las compañías de poco fuste que frecuentan muchas personas regias en el curso de la historia no sólo corresponderán a tal distinción con sus halagos y payasadas, sino que tenderán a hacer prosperar sus intereses a favor de este trato. Dichas conveniencias no tienen por qué ser dinerarias sólo; las puede haber de cualquier otro género, y en seguida veremos algunas de carácter sentimental y otras de estilo diverso. Acaso un negociante veloz y descarado hubiera sido menos dañino que algunas de éstas.

La sentimental ingenuidad de Atila

La imagen rústica y cruel de Atila, rey de los hunos, apodado «el azote de Dios» muy a gusto de él, lleva siglos de regateo y matización. Nosotros mismos hemos contribuido en el florilegio de *Grandes mentiras de la Historia* a ponderar los muchos rasgos de ecuanimidad, justicia y serenidad del célebre caudillo, a menudo pintado con colores esperpénticos. Su difamación apocalíptica cundió con más velocidad que un juicio sensato y objetivo.

Las dos fracciones en que había sido dividido el Imperio romano no ganaban para sustos: a los movimientos de los pueblos germanos, raza conocida de antiguo, se vino a añadir el terror que producían unas nuevas tribus de origen asiático, distintas en aspecto, idioma, organización y, sobre todo, en ferocidad. Eran los hunos, pueblo desconocido e intratable; convertido pronto en terror tanto de los romanos como de los *barbari* anteriores, era comprensible que se dijeran de ellos las cosas más alucinantes, comprendidas las que eran verdad.

Bajo el mando de Atila (445-453), los hunos se unificaron rígidamente. Instalados en el sur de la actual Rusia –adonde habían llegado desde los confines de China–, emprendieron el camino de Occidente, empujando a todas las naciones aterrorizadas que tenían delante. Después de haber forzado a numerosos germanos a refugiarse dentro de los límites del Imperio romano, los hunos atravesaron sin pestañear estas fronteras, se pasearon por las provincias romanas e impusieron tributo tanto al emperador de Roma como al de Bizancio. Cuando les convino, también aceptaron prestar servicios mercenarios a los romanos.

Los historiadores bizantinos han abundado en noticias coetáneas, próximas y sólidas acerca de los hunos. Prisco es el más relevante entre ellos a tal propósito y formó parte de embajadas bizantinas que visitaron a Atila. Estas misiones abarcaron todos los temas y matices: una de ellas se debió a que del campo de Atila habían desertado unos hombres a los cuales el emperador Teodosio II había dado asilo. Atila le intima que si no se los entrega, emprenderá la guerra contra los bizantinos. Éstos, con su acostumbrada perfidia, idean una tercera solución: sobornar al enviado huno, Edekon, para que mate a Atila. Lo que hace Edekon es prevenir a su rey. Cuando llegan los enviados bizantinos a la corte huna, Atila los desenmascara a gritos, los hace prisioneros y exige al emperador un elevado rescate a cambio de su libertad.

El mismo Prisco reseña grandes banquetes ofrecidos por Atila, en tierras hoy húngaras, a los enviados bizantinos y señala que el rey comía con sencillez y parquedad en medio del espectacular festín en que se solazaban los demás. El cronista bizantino Calímaco, por su lado, apunta muchos rasgos de caridad y justicia de Atila –como el amparo que otorgó a una viuda de Troyes, madre de diez hijos–, y apenas tiene ocasión de anotar nada reprobable ni desmesurado en él. Jordanes, el historiador godo, sigue la misma tónica. Prisco no vacila en apuntar que un bizantino, harto de la corrupción y el despotismo del imperio, se había exiliado de él para vivir entre los hunos y estaba allí como una rosa.

Atila ocupó, en su vagabundeo por Italia y

Francia, buen número de ciudades y, según Calímaco, no toleró actos de violencia ni crueldad: su principal preocupación fue someterlas a tributo y mantener el orden en ellas. En el anfiteatro de Padua, por él conquistada, el poeta local Manilo leyó en su presencia una oda encomiástica que no vacilaba en atribuir a Atila origen divino. El rey se disgustó de tanta adulación, interpeló enfurecido al poeta y mandó que lo arrestaran y que corrigiera aquellas frases, bajo pena de la vida.

Pues bien, un hombre de tan abrumador poder, revestido, además, de virtudes tan serias, hubo de padecer de los romanos una burla intolerable: que le quisieran entretener con el ofrecimiento de una joven princesa romana por esposa. Se llamaba Honoria y era hija de una figura notoriamente conectada con Barcelona, la célebre emperatriz Gala Placidia, hija a su vez del emperador Teodosio (379-395), nacido en Hispania.

Gala Placidia, mujer de gran belleza y talento, estuvo casada durante un breve y accidentado tiempo con el rey visigodo Ataúlfo, el cual tuvo corte en Barcelona y acabó asesinado, como buena parte de los reyes de aquella extraña lista que antes se estudiaba de memoria y que contiene personajes que no reinaron en España y omite otros que sí lo hicieron. Un general romano, Constancio, estuvo cortejando y apremiando a Gala Placidia antes y después de su penoso matrimonio para que se casara con él. La mujer, que lo había pasado muy mal en manos de los matadores de su marido, aceptó por fin la oferta de su enamorado, tan fiel a su nombre de Constancio, y ambos no tardaron en ser emperador y emperatriz de Occidente y en tener una bella y prometedora hija, que fue llamada Honoria, en honor de su tío, el anterior emperador Honorio.

El cronista Prisco refiere con mucha sal y pimienta que sería lástima desaprovechar que en junio de 450 llegó a Bizancio noticia de que Atila estaba tratando con la familia imperial de Roma, puesto que Honoria, hija de Placidia y hermana de Valentiniano III, emperador a la sazón en Occidente, le había pedido ayuda. Aun cuando Honoria pertenecía a la línea real de sucesión y estaba revestida de los símbolos de autoridad, había sufrido el quebranto de que se descubriera que se acostaba con un cierto Eugenio, el cual llevaba la gestión de sus asuntos. Eugenio fue condenado a muerte por este delito y ella fue privada del rango imperial y confiada en tutela a Herculano, hombre de dignidad consular y de tan buenas prendas que no cabía esperar que aspirase a la corona o a promover una revolución.

Honoria tomó una decisión desastrosa al mandar a un eunuco, Jacinto, a negociar con Atila para que éste, mediante pago, vengase el atropello que ella había sufrido. Además, le envió un anillo de compromiso. El bárbaro se apresuró a disponerse a marchar contra Occidente, ilusionado como un cadete, tanto por la fama de belleza de su prometida como por el lustre que le daba emparentar con la familia imperial y por la dote que esperaba. Por lo demás, Atila tenía varias mujeres, conforme se estilaba entre los suyos, lo cual indica que su titilar por Honoria no era un sentimiento brutal, sino selectivo y específico.

«Atila –prosigue Prisco– quería capturar en primer término a Aecio, el caudillo romano, porque entendía que le era preciso quitarlo de en medio si quería alcanzar sus fines. Cuando Teodosio se enteró de tales cosas, encargó a Valentiniano que entregase a Honoria a Atila. Valentiniano arrestó a Jacinto y estudió hondamente el problema; después de someter al eunuco a intensas torturas, le mandó decapitar. Valentiniano convino en enviar a Honoria a su madre en tutela, puesto que así lo pedía aquélla, y de este modo la joven quedó a salvo aquella temporada.» Unas pocas semanas después murió el emperador Teodosio, el 28 de julio de 450, y fue sucedido en Bizancio por el enérgico Marciano.

Atila, al cual nadie regateará que era hombre muy formal, se apresuró a mandar al nuevo emperador y al de Roma una indicación caballerosa y pertinente: que recordasen que Honoria era prometida suya y que él no toleraría que la maltratasen en modo alguno, y que si lo hicieren, se vengaría. De paso les hacía presente que le estaban debiendo el tributo pactado con Teodosio. Los de Roma dijeron que Honoria no se casaría con él, pues se había comprometido con otro hombre, y los de Bizancio, a su vez, se negaron a pagar tributo alguno y anunciaron que de ellos, por las malas, nada se obtendría.

Tal fue el punto de arranque de la grande y última ofensiva de Atila contra Occidente, la cual emprendió con diversos propósitos combinados, entre los que, sin duda, le encendía especialmente su ansia por apoderarse de Honoria y su dote; además, deseaba machacar a los visigodos para favorecer a los vándalos y aprovechar que los francos estaban sin rey y en discordia. Prisco insiste en decirnos que «Atila volvió a mandar hombres de su corte a Italia para que los romanos entregasen a Honoria. El rey huno mantenía que ella se le había unido en matrimonio y él entregó el anillo a los legados para que lo demostraran. Atila sostenía también que Valentiniano había de cederle la mitad del imperio, puesto que Honoria la había heredado de su padre y se había visto privada de su fracción por su hermano. Los romanos de Occidente se mantuvieron en su actitud y desdeñaron las razones de Atila. Éste se dedicó afanosamente a preparar la guerra y a reunir a todos sus hombres».

Aquí viene la famosa campaña contra la coalición romano-franco-visigoda que llevó a Atila hasta la batalla de los Campos Cataláunicos, o Máuricos –que no se sabe fijo dónde están, aunque parece que sea cerca de Troyes–; solemos decir que en ella, con su derrota, acabó la amenaza de los hunos. Más cierto sería valorar que el rey visigodo Teodorico perdió allí la vida y que su sucesor, Turismundo, se retiró con lo que pudo salvar de sus tropas, a la vez que Aecio se refugiaba en Roma, y que Atila volvería meses después a probar fortuna contra Turismundo.

El huno retrocedió hasta el interior de Germania, tras pasar el Rin, y ya no volvería a nuestra área. En este momento hay que situar la famosa visita que le hizo el papa León, en la alta Italia, acudiendo a negociar con él la paz. Atila se prestó a volver hacia las tierras danubianas de donde provenía, pero, según remacha Prisco, «proclamó, por encima de todo, y con amenazas, que Italia entera sufriría graves daños si no le era entregada Honoria, hermana del emperador Valentiniano e hija de Placidia Augusta, junto con su parte del real tesoro». Ciertamente, no todo era sentimiento amoroso en la insistente obsesión de Atila por casarse con la hermosa romana, pero es forzoso destacar que ninguna de sus rapiñas anteriores le había preocupado tan ardientemente como ésta, de modo que había de haber en ella algún impulso emotivo peculiar, dejando aparte la cólera que le produjera sentirse escarnecido por los romanos.

El problema, como tantos de la historia, se resolvió solo. En el año 453 el rey de los hunos se casó con una joven muy hermosa, según refiere Prisco, entre otros. Llamábase Ildico y su figura se superpone o confunde con la de Krimhilde, del poema nibelúngico, que acudió a entregarse a Atila a cambio de que éste la vengara del asesinato del héroe Sigfrido, su esposo. Sea quien fuere la joven esposa –no la única, porque Atila tenía harén, según hemos dicho– causó indirectamente la muerte del famoso monarca, pues, en el curso del banquete nupcial, que debió de ser digno de verse, Atila sufrió una hemorragia nasal; estaba echado, acaso por efecto del vino, y la sangre le sofocó. Los presentes no debían de estar muy lúcidos para darse cuenta y así pasó al otro mundo el rey de los hunos. No se conoce su tumba, puesto que los que la excavaron y prepararon fueron ejecutados para que se callasen difinitivamente. Tampoco sabemos en este momento qué fue de la liviana Honoria, cebo tintineante de la cándida ilusión amorosa de Atila.

Las desmedidas bondades de Ludovico Pío

Tuvo Carlomagno el infortunio de ver que heredaría su imperio el tercero y menos idóneo de sus hijos, Luis o Ludovico, nacido en 778, una de cuyas glorias principales consiste en haber liberado a Barcelona, en 803, de la opresión de los musulmanes. Como quiera que Luis tuvo que desarrollar un largo y penoso asedio, comenzado dos años antes, para devolverla al seno de la cristiandad, es fundado suponer que dicha urbe se sentía muy cómoda fuera de ésta, o, dicho de otra manera, que prefería estar en manos de los moros que de los francos. Por lo demás, como ya sabemos que no fueron muchos los invasores musulmanes de la Península, cabe pensar que los barceloneses que defendían sus murallas fueran gente del país, en definitiva. El hecho de que no se hubieran resistido a ser conquistados por los musulmanes unos años antes y, en cambio, lo hicieran entonces a serlo por los cristianos, remacha nuestra creencia de que la «invasión árabe» fue practicada por gente muy afín a la que poblaba la Península, y que, a la inversa, los cristianos del norte debían de ser corpulentos, pelirrojos o rubios y dotados de enérgica brutalidad, acaso más acentuada que la de las gentes del sur y del Mogreb.

Por todo lo que sabemos de los francos y de su príncipe, nos figuramos que tropa y caudillo andaban en cierta desarmonía. Luis heredó el imperio de Carlomagno en 814, se coronó dos años más tarde y murió en 840. Apenas estuvo en la plenitud de su potestad, tuvo tres ideas sumamente infortunadas: primera, la de dividir sus estados entre sus hijos, con efectos después de su muerte, pero ellos se precipitaron a pelearse y a discutir la autoridad de su padre, cosa que duró todo el reinado; la segunda, fue sacarle los ojos a su sobrino Bernardo, rey de Italia, en un ocasional momento de mal genio, y, peor todavía, arrepentirse de ello públicamente, más tarde; la tercera equivocación fue casarse en 819, por segunda vez, con Judith de Baviera, la cual se portó con él como una bruja, tanto más temible cuanto que era hermosa, lista y codiciosa. Apenas le hubo tomado el pulso a la corte imperial, Judith se confabuló con los hijos del emperador, estuvo a su lado unas veces y otras en contra y no cesaron los desórdenes en que participó.

Apenas le quedaba tiempo para nada a Ludovico, pronto llamado Pío por la tradición, o Bondadoso, según otras corrientes. En efecto, a primera hora del día, se precipitaba a acudir a la iglesia a la cual daba la vuelta de rodillas, a menudo deshecho en lágrimas como una Magdalena; luego presidía controversias sobre teología; se ocupaba intensamente en reorganizar las instituciones eclesiásticas del país y establecer una *Ordinatio imperii* que lo dejó más confuso que antes; luego, imitando la afición de su padre, se metía en el baño, reunía a los pobres y les repartía todas las vestiduras y objetos que se había sacado. En ocasiones, tenía que distraerse de estos afanes purificadores para poner paz en las alcobas de sus hermanas, que eran unas casquivanas. Los hijos, creciendo en insolencia, le fueron tratando cada vez peor y llegaron a privarle de libertad. En 834, su hijo Lotario le conminó a que se retirase a un convento, y el emperador le respondió que lo haría de buen grado por lo tocante a la devoción, pero que lamentaba sentir todavía unos apetitos eróticos que no le permitían abrazar el estado monacal de modo completo.

El mismo papa se puso al lado de los hijos del primer matrimonio del emperador y de los obispos y grandes señores que eran adversos a éste, y Ludovico Pío vivió sus últimos años en la impotencia mientras el imperio se hacía pedazos. Para estropear las cosas, los vikingos empezaron a saquear sus costas en aquella época, y llevaron sus correrías tierra adentro, incluso asentándose de modo permanente en regiones como Normandía, a la que dieron nombre.

Los hijos astrológicos del emperador

–Fíjate bien en que acabas de concebir un hijo –le dijo muy serio, según la tradición, el emperador Federico II Staufen (1194-1250) a su tercera esposa, Isabel de Inglaterra, en el lecho de recién casados, que había sido aspergido con agua de rosas.

No sólo por esta frase que peca de campanuda, sino por otras muchas razones, aquel singular monarca del Sacro Imperio Romano Germánico mereció ya en su día ser llamado *Stupor Mundi*. Fundador de la Universidad de Nápoles –la cual sigue haciendo uso de su escudo–, gozador de un harén florido de musulmanas, discutidor con los teólogos, cruzado *ma non troppo*, porque se volvió a Italia apenas pudo, Federico II sigue causando asombro y polémica en nuestro tiempo, después de haber prodigado hace ocho siglos rasgos de sorprendente modernidad.

En efecto, aquel soberano optó por lo que sería hoy la actitud progresista en cualquiera de los muchos dilemas que desafió, aficionado como era a buscarse conflictos: luchó contra el poder papal para reforzar el imperial, estudió y difundió la cultura árabe y bizantina, amparó el medio ambiente natural contra la propiedad y la industria, favoreció los estudios científicos enfrentándolos con los dogmas tradicionales, propulsó la traducción de los clásicos, escribió un tratado de caza con aves *(De arte venandi cum avibus)*, poetizó en siciliano, patrocinó una arquitectura de inspiración grecorromana distanciándose de la gótica. Y además...

Lo de que fuera un gran entusiasta de la astrología no sabe uno si clasificarlo como muestra de modernidad o de arcaísmo, porque semejante discurso está en boga hoy y lo estuvo en remotos milenios. Las aficiones de Federico II en la materia alcanzaron su punto culminante en ocasión de la segunda boda que contraía. Indiquemos de paso que el emperador había estado casado primero (1209) con una princesa de nuestra tierra, Constanza de Aragón, hermana del rey Pedro II y, por tanto, tía de Jaime I, la cual murió en 1222. Una nieta de Federico, también llamada Constanza, se casó, años después, con Pedro III de Aragón. Estos enlaces son importantes para nosotros, porque constituyen el prólogo de nuestra presencia histórica en Nápoles y Sicilia, que habría de durar cuatro siglos, desde el XIV al XVIII, con mil incidencias en medio.

En noviembre de 1225 el emperador Federico se casó con Isabel, hija de Juan de Brienne, el cual era un pobre señor francés, carente de otro relieve que el de poseer el título de rey de Jerusalén, que había heredado en 1209. Se fundó dicha monarquía, harto nominal, en ocasión de la primera cruzada; su titularidad fue discutida desde los primeros decenios y ha seguido siéndolo.

También fue bastante nominal al principio este casamiento, porque Isabel de Brienne era muy niña y el emperador la dejó dormir toda la noche, después de la boda, pues sus astrólogos le señalaron que no era tiempo de emprender hazañas eróticas, y que ya vendrían constelaciones más propicias. Como no era cosa de pasar aburrido una velada tan especial, el emperador solicitó la compañía de una prima de su mujer, que había actuado como dama de honor durante la boda. El suegro se incomodó mucho, y todavía más cuando Federico II le reclamó la dote de Isabel y el título de rey de Jerusalén.

Al emperador Federico le vino bien entroncar con aquella familia y corona, no sin complacencia del papa, el cual se gozaba en que el rey de Jerusalén fuese un soberano joven y poderoso y confiaba en que el título le decidiese a emprender una cruzada para darle realidad. Como esta confianza fue defraudada por Federico II repetidas veces, el papa hubo de ponerse muy serio para fijarle un plazo último: tras la demora pedida por el emperador en razón de su casamiento, el papa le señaló como máximo el año 1227 para que embarcase. Estuvo en Tierra Santa menos de dos años, casi lo justo para coronarse rey de Jerusalén y dejar una fama de escándalo tal, que el patriarca de allí le denunció al papa.

Según un informe que le envió, el sultán le había dado su hija a Federico para que se casara con él, junto con otras cincuenta jóvenes musulmanas, «con todas las cuales había tenido trato carnal» el emperador. La noticia corrió por Occidente y despertó más envidia que sorpresa, puesto que Federico II había tenido ya amores con más de una mora sin salir de su casa, donde había usualmente muchas de ellas, según hemos dicho.

En 1235 Federico II se casó por tercera vez; ésta, en Worms, con Isabel de Inglaterra. Hizo determinar por los astrólogos cuál sería la hora más adecuada para engendrar un hijo varón, y le respondieron que la de la salida del sol. El emperador se atuvo puntualmente a estas consignas y, después de acatarlas, le dirigió a su esposa la célebre frase que hemos citado al principio. Por lo demás, el dictamen de los estrelleros fue equivocado, porque la soberana tardó todavía dos años en dar a luz y tuvo entonces una niña. La posteridad de Federico II fue muy variada y aun trágica, con hijos legítimos y otros varios naturales; uno de éstos, Manfredo (1232-1266), inspirador de música de Schumann y de distintos poemas.

Acaba de redondear el perfil moderno de Federico II el observar el desenfado con que se dedicaba a experimentar sobre temas científicos y, muchas veces, con cruel frialdad, sobre seres humanos. El más célebre de estos últimos intentos fue aquel que consistió en encerrar a varios niños de pecho en una torre, donde sólo entraban sus nodrizas, las cuales tenían absolutamente prohibido decirles palabra alguna. El experimento versaba sobre cuál sería el idioma en que romperían a hablar por sí solos los niños como lengua natural de la humanidad, si el hebreo, el griego, el árabe, el latín o el que fuere. El resultado fue que los niños murieron todos, faltos de las palabras y las caricias de sus madres.

En otra ocasión, no menos áspera, el emperador cogió a dos condenados a muerte, pendientes de ejecución, les hizo servir una espléndida comida, igual para cada uno, y al uno le envió a dormir y al otro, a correr una larga distancia. A continuación, mandó abrirles el estómago para comparar el curso de las dos digestiones. Lo macabro de este estudio crece si reparamos en que no consta que los mataran antes de esta inspección; quizá la hicieron en vivo, en aras de la pulcritud científica.

Comparados con estos episodios son una bagatela sus interminables discusiones llenas de pasión con teólogos y filósofos sobre dónde están el cielo y el infierno, qué hacen los santos en la gloria, cómo se forman las cataratas en los ojos, el porqué de los volcanes, y otros mil temas desconcertantes. El interés por ellos no le privó de profundizar en las ciencias ocultas, como hemos visto, y diseñar los planos de varios edificios, entre ellos el monumental Castel del Monte, vecino a Barletta, uno de los campos de batalla donde triunfó más tarde el Gran Capitán. El castillo contiene todos los estilos conocidos hasta entonces; es un prodigio de ingeniería, con baños calientes y fríos; estuvo ornamentado con estatuas antiguas, mármoles, tapices y alfombras. El número 8, entendido como cifra mística, está en la base de la estructura, pues la fortaleza es octogonal y tal número es la base de diversas proporciones de su traza.

La faceta fraudulenta de la antigua alquimia y sus crédulos mecenas

Dejemos ahora a un lado la grave cuestión de si la alquimia antigua contuvo algunos vislumbres de las tesis que la ciencia moderna profesa. Repasar este asunto sería complicado y, además, gravemente provisional: en efecto, a cada momento se registran descubrimientos en la ciencia de hoy y también surgen novedades en el conocimiento de los autores antiguos, de modo que ambos repertorios se están modificando sin cesar. Lo que ya no cambia, porque está hincado en el nivel de las afirmaciones sólidas, es que los grandes alquimistas del pasado vivieron espléndidamente, en general, porque supieron arrimarse a los magnates más poderosos y captar las larguezas que éstos no solían dedicar a quienes les servían seria y fielmente.

Cuéntase del arzobispo de Toledo don Alonso Carrillo (1410-1482) que tuvo gran inclinación a la alquimia y pagaba amplias sumas a quienes trabajaban en ella en su palacio. Este primer tramo de la historieta merece que nos detengamos un momento para fijarnos en que era la primera autoridad eclesiástica de España la que profesaba estas aficiones, a la vez que las mismas subsistían en otros ambientes refinados. Después de atender a esta evidencia, sigamos oyendo que en el palacio del arzobispo había un paje que se divertía en ir apuntando en un librito las necedades y rarezas que ocurrían por allí. Cierto día se presentó al arzobispo un desconocido que le expuso sus maravillosas aptitudes alquimistas y los prodigios que efectuaría si contara con tales y cuales materiales. El prelado le dio en seguida una importante suma de dinero y una mula para que saliera a buscarlos. El paje lo apuntó detenidamente en el librito. El arzobispo Carrillo le mandó llamar y, conociendo ya con qué intención burlona tomaba el muchacho las anotaciones, se dolió de que las hubiera hecho antes de ver si regresaba el alquimista.

–Cuando él venga, le quitaré a Vuestra Eminencia la nota de la necedad y se la pondré a él –dijo el niño.

Dicho sea de paso, cosas más necias podían apuntarse a cuenta de ese arzobispo: intrigante e inquieto como él solo, había encabezado la conspiración para deponer a Enrique IV, llamado el Impotente, y no se había recatado de tomar parte en la grotesca farsa de Ávila en que había sido escarnecido un muñeco que representaba al rey como veremos; había luego militado en favor de los Reyes Católicos contra doña Juana la Beltraneja, y, más tarde, se había distanciado de ellos. En la fase final de su vida fue cuando se dedicó a la alquimia con más ahínco, acaso desengañado de la dureza de la realidad y anheloso de modificarla.

No es imposible que el mismo entusiasmo optimizador inspirase a otros muchos reyes, príncipes y grandes señores que se dedicaron a la alquimia o protegieron a quienes lo hacían. Tampoco es difícil que anduviesen siempre escasos de dinero y sobrados de fantasía, de modo que aspirasen a obtener riquezas por vía prodigiosa, después de haber devorado hasta los últimos ahorros de sus vasallos. Los predicadores les censuran a veces su prodigalidad y su codicia en procurarse ingresos. En el umbral de los siglos modernos tales sermones mencionan unos estilos de gasto poco vistos en la Edad Media: fuegos artificiales, armamento complicado, desfiles y mascaradas, atavíos ostentosos, joyas rebuscadas, además de palacios, músicas y comedias. La presión que los poderosos ejercían sobre los alquimistas debía de ser incitante y Gustav Radbruch, en su historia de la criminalidad, indica que el aumento de esta demanda redundó en que la oferta alquimista se profesionalizara y crecieran las dimensiones anteriores del oficio.

Dante sitúa en el infierno (c. XXIX) a los alquimistas, junto con otros falsarios. En 1488 el consejo de gobierno de Venecia prohibió su actividad. En la misma época está situada la figura viva en la cual pudo inspirarse la leyenda del doctor Fausto, paradigma de un esfuerzo dramático por robar a la naturaleza sus secretos más recónditos, mediante un combate que lleva a aquel sabio a perder el oremus, como se muestra desde Goethe hasta Thomas Mann.

El abad Trithemius von Sponheim definía a la alquimia como «una cortesana casta que empobrece a los ricos prometiéndoles los tesoros de Creso». El mismo desengaño profesaba Cornelius Agrippa von Nettesheim (1486-1535), al término de una vida totalmente dedicada a la *occulta philosophia*: «Todo es humo y aire», afirmaba. Con sobrado motivo hubo de reconocerlo un alquimista romano, Aurelio Augurelli, que dedicó al papa León X un amplio poema acerca de la obtención de oro por medio de la alquimia, confiando en una espléndida recompensa. El papa le envió una preciosa bolsita bordada y... vacía. En las mismas fechas, primeros decenios del siglo XVI, Erasmo de Rotterdam y el pintor Pieter Brueghel describen la alquimia –el uno en el papel y el otro en el lienzo– como una estafa que aligera los bolsillos de quienes tienen fe en ella; la pintura de Brueghel es aún más cruel que las palabras: en ella se ve cómo el alquimista, con su fraude, ha timado a una modesta familia de aldeanos y la ha echado a pedir limosna.

Las disposiciones de las autoridades de la época dan a entender que el timo de la transmutación de los metales era tan frecuente como puede ser en nuestras calles actuales el de las tres bolitas o la carteta. Incluso los pliegos noticiosos de la época anunciaban ofertas de quienes prometían obtener oro y plata a base de otros metales inferiores. Radbruch ha detallado que los timadores alquimistas eran a menudo estudiantes de medicina fracasados, mancebos de botica despedidos, metalistas aburridos de serlo, sacamuelas, vendedores y charlatanes varios, y que en los países del norte de Europa abundaban los italianos que ya no encontraban a quién engañar en su tierra.

Como hemos visto al comenzar, el extenso gremio de los alquimistas había logrado hacía muchos años penetrar en los palacios y mansiones. Ciertamente, no era tan fácil librarse de la cólera de un soberano, de un noble o un ricacho defraudado como de la de una familia humilde que quedara todavía más arruinada después de la estafa alquimista, pero los lucros y la aventura eran de más alto bordo. Por lo demás, no escaseaban los soberanos y los magnates íntimamente convencidos de las glorias de las ciencias ocultas: el margrave Juan de Brandeburgo (1401-1464) lo estaba hasta el extremo de que en los anales de su dinastía se le conoce por el Alquimista.

Era el hijo mayor del primer Hohenzollern que

fue elector de Brandeburgo, Federico I, el cual estaba lógicamente preocupado por consolidar y engrandecer aquel territorio en el que habría de germinar el futuro reino de Prusia. En contraste con estos cuidados, su primogénito se dedicaba exclusivamente a la obtención de la piedra filosofal y con ella, a la transmutación de la materia, con tanta ceguera que su padre, harto de que abandonara hasta tal punto sus deberes de gobierno, le anunció un día que transfería a su hermano sus derechos y deberes. El alquimista se lo agradeció mucho, y le expresó que se alegraba de no tener ya otra cosa en que pensar que las ciencias ocultas. Murió en 1464, de sesenta y tres años, sin dinero, ni hijos ni posición ni éxito alguno en sus alquimias. Sus descendientes, Joaquín II (1535-1571) y Jorge (1571-1578), también mantuvieron en Berlín a todo un tropel de alquimistas con sus correspondientes laboratorios.

Lo propio hacía un gobernante tan realista y desengañado como Cosme de Médicis (1537-1574), en Florencia, el cual se dejó engatusar por un alquimista, Daniel de Transilvania, creador del llamado «usufur», sustancia mágica que vendía en las boticas con gran éxito. El «usufur» contenía un poco de oro, y Cosme de Médicis dedujo que su inventor sabría también extraer oro de donde fuera, ya que era tan ducho en manejarlo con fruto. El aventurero no hizo ascos al designio, le pidió veinte mil ducados al magnate; ya no lo volvió a ver más. El preparado de las farmacias resultó ser una mixtura sin interés alguno.

También tenía laboratorio en palacio el príncipe Augusto de Sajonia (1553-1586), cuyas riquezas y las de sus sucesores eran miradas como mágicas por la población; los soberanos no se preocupaban de aclarar que habían descubierto valiosas minas de verdad, porque les parecía más cómoda para todos la versión prodigiosa de su prosperidad.

Uno de los casos de engaño público más prolongado y aparatoso que se perpetró en tal materia tuvo por escenario la culta y descreída Venecia, a pesar de la prohibición antes citada: un individuo nacido en Chipre hacia 1550, llamado Mamugnà, pretendió estar entroncado con la señorial casa de Bragadino y se instaló en Venecia, para desarrollar una vida de fausto y ostentación que amplió a otras capitales de Europa, dando a entender que fabricaba todo el oro que gastaba. Regresó a Venecia hacia 1589, ya famoso, y se dejó hacer propuestas que estudiaba con remilgo. En el año siguiente, el consejo del dux le acorraló en demanda de concreciones y le dio oro para que hiciera sus experimentos; éstos fracasaron, como era de suponer. Huyó a Padua y luego a Baviera, donde el duque Guillermo V miró a su visitante con el mismo arrobo que siglos después lo harían sus descendientes Luis I con Lola Montez y Luis II con Wagner: hay países predestinados al éxtasis con los forasteros. A Bragadino, entre esos otros seductores, fue a quien le salió peor. A espaldas del duque, la justicia de Baviera juzgó y condenó a Bragadino, y no precisamente a la hoguera como demandaba el delito de magia, sino a la decapitación, según era de aplicar a los estafadores.

Lo peor fue que el verdugo no era experto y con la espada no logró descabezar a Bragadino, sino que sólo pudo romperle el cráneo y saltarle los sesos. La fuerza pública hubo de hacer esfuerzos supremos para librar al verdugo de la cólera de los espectadores. El duque de Baviera, sin embargo, no se desengañó de los poderes de la alquimia y mandó instalar en su castillo de Schleissheim un laboratorio en cuya puerta colocó una placa que decía: «Calcino, sublimo, tero, coagulo, fixo; haec est ars tota a stultis remota.»

El soberano que vivió más abrigado por los cortinajes y velos de la alquimia y convirtió su propia existencia en una tenebrosa magia fue el emperador Rodolfo II (1576-1612), biznieto de Juana la Loca por parte de padre y por parte de madre, ésta, la hija de Carlos V, María. El emperador Rodolfo, melancólico, soñador, no pudo consolarse de que Enrique IV de Francia le arrebatase la mano de María de Médicis y se casase con ella. Rodolfo se encerró en el alucinante castillo de Praga, el Hradschany; convocó allí a astrónomos como Kepler y Tycho Brahe y a unos alquimistas; hacía subir a unas cuantas putas cada semana y las encerraba en las cuadras, al lado de unos cuidadísimos corceles que no salían tampoco de ellas. El emperador miraba tristemente el curso del Moldava, sucio y lento, como la vida, salpicado por espumillas efímeras. Tuvo seis o más hijos de aquellos amores estrafalarios, y a uno le mandó que se matase como Séneca, abriéndose las venas en el baño.

Este reinado sombrío puso un airón de respetabilidad próspera en las innumerables reboticas de alquimista que había de antiguo en Praga, la maga tenebrosa. Mejor les fue a ellas con el raro emperador que a él con tales artes, porque el hermano menor del soberano, Matías, se aburrió de tanto ensalmo y le destronó en 1611. Es fama que Rodolfo II desahogaba su cólera, durante el año que le quedó de vida, abriendo las ventanas del castillo y vociferándole a la «ciudad dorada» que estaba a sus pies: «¡Praga, ingrata Praga, que derrocas a quien te ha enaltecido: la maldición del Señor te perseguirá y su cólera caerá sobre ti y sobre toda Bohemia!» No se puede decir que el desdichado emperador-alquimista se equivocase de mucho en esta sentencia, sobradamente cumplida en los siglos siguientes. Es curioso anotar que el usurpador, Matías, respetó a los sabios reunidos por su antecesor y siguió fomentando sus estudios, cosa que desde España cuesta mucho de comprender.

Por las mismas fechas, el duque Federico de

Württemberg (1593-1608) le superaba ampliamente en ciega fe en que la alquimia le resolvería todos los problemas de hacienda. Apenas hubo subido al trono, mandó edificar un laboratorio y lo llenó de cultivadores de la alquimia, empezando por los que encontró en el país y reclutando luego forasteros. Con la misma celeridad con que los contrataba, los iba metiendo en la cárcel a medida que se creía estafado: hasta once sabios retuvo en ella. Algunos años más tarde, cuando ya había fallecido, los estamentos del país expusieron a su sucesor, el cual no había dejado de prestar atención a la alquimia, que el único modo de enjugar las deudas del Estado no estribaba en las ilusiones alquimistas, sino en despedir a todos los que vivían a costa de ellas.

Hay que añadir que éstos, para mantener el embeleco, llegaban a barnizar o teñir de oro monedas de cualquier metal y las exhibían, cuando había comprobaciones, mezclándolas con legítimas a base de habilidades de prestidigitador. En el año 1619 el falsificador Sendivogius osó convencer al emperador Fernando II de que podía convertir una cadena de plata en otra de oro. Se trataba de una cadena de oro auténtica, con una mezcla de quita y pon, la cual, tras un leve calentamiento, se disipaba, dejando el oro íntegro y resplandeciente. Trucos de parecido estilo abundaron en estas ocasiones e incluso en épocas posteriores, más adentradas en técnicas modernas.

Estas facecias se entretejen de modo inextricable con los dimes y diretes que acompañaron en diversos países de Europa el nacimiento de diversas fábricas de porcelana. Una de ellas, la de Meissen, en Sajonia, se debe a las recetas elaboradas por un cierto Johann Friedrich Böttger, nacido en 1682, el cual andaba loco tras el afán de fabricar oro, y no salía de enredos, exilios y prisiones, hasta que algunos palaciegos de Dresden le orientaron sabiamente hacia la producción de porcelana, en lo cual se hizo rico y famoso y enalteció al país.

Un ingenio italiano semejante a Bragadino, Domenico Manuel Gaetano, disfrutó de la misma celebridad (preparatoria de la horca, lo avisamos). Era un napolitano que se escapó pronto del agro en que había nacido y se autoconvirtió en noble hacia 1695. Comenzó a subsistir a base de truhanerías, aunque pretendía estar viviendo de un tesoro que había encontrado, del cual formaban parte las fórmulas de un sabio alquimista que él explotaba. El hombre llevó sus pasos hasta Madrid, donde parecía cosa normal y aceptable vivir del arte mágico. Así lo certificó el embajador del elector de Baviera, Maximiliano Manuel II, el cual era uno de los pretendientes a la no lejana herencia de nuestro Carlos II. El embajador, admirado de las dotes de Gaetano, le envió a Munich, donde el soberano, no menos estupefacto con ellas, le cubrió de honores y cargos, alguno tan imprevisible como el de mariscal y comandante de la plaza de Munich, además de consejero de Estado. Gaetano pidió y obtuvo unas cantidades importantes para comenzar a hacer experimentos, y en cierto momento optó por huir. Fue detenido y procesado y se salvó nadie sabe cómo.

Gaetano no se privó de pasar por Viena poco después y sacarle unos dineros al emperador Leopoldo I, en 1704, aun cuando éste, en plena guerra contra Francia, no andaba nada sobrado de ellos. Al año siguiente murió el emperador y al embaucador volvió a anubarrársele el cielo. Pasó a otras cortes y finalmente a la de Berlín, donde le calaron adecuadamente.

El rey, contento, a pesar de todo, con su compañía y conversación, le regaló doce botellas de buen vino, un retrato del monarca adornado con brillantes y le nombró general de artillería. Otros se conformarían con menos, pero Gaetano no paró hasta que le expuso en serio sus proyectos y le sacó cincuenta mil táleros. Entonces le entró la prisa por huir, fue capturado, procesado y ahorcado en 1709.

De esta misma raza eran, dentro del siglo, Casanova, Cagliostro, Saint-Germain y otros muchos aventureros, sobre los que hemos escrito desde hace muchos años y que, sin duda, difieren de los anteriores en que prestaban en alguna ocasión servicios de cierta utilidad –sobre todo, en el área de la diplomacia, el espionaje y el cotilleo de salón– y se abstenían del timo grosero de aquellos defraudadores antiguos.

Las ilusiones crepusculares de Carlos IV

Nadie se sorprenderá de que la recordación de Carlos IV de España (1788-1808) esté aquí comprendida en un repertorio de rasgos de credulidad y candidez. El rey fue prototipo de ambas, entreveradas con toques de malicia comodona y traviesa. Vivió sus últimos años en Francia y luego en Italia sin cambiar gran cosa de ideas, costumbres y programa, tras haber sido depuesto del trono por el motín de Aranjuez que exaltó en 1808 a su hijo Fernando VII. En Roma, se instaló primero en el palacio Borghese y luego en el Barberini; allí murió el 20 de enero de 1819.

Quince días antes había fallecido su esposa, la reina María Luisa, de tan compleja, pintoresca y reprochable trayectoria. Falleció la soberana casi a la vez que otras tres reinas europeas, cosa que no dejó de causar expectación: fueron la de Inglaterra, la de Württemberg y la esposa de Fernando VII, María Isabel, reina de España. La esposa de Carlos IV falleció tras una enfermedad breve.

Hasta sus últimas jornadas, aquella reina anciana a la cual Napoleón había definido como una pequeña bruja, tras las pocas horas que la estuvo mirando en Bayona, dominó la voluntad y el corto juicio de su marido y cualquier iniciativa que afectase a éste pasó por sus manos y recibió su beneplácito o no. Una intriga muy subida de tono, entre otras no menos chocantes que sería ahora confusionario detallar, fue la que promovieron algunos liberales españoles para derrocar a Fernando VII, el cual estaba en la cúspide de su primera etapa absolutista, henchida de arbitrariedades, atropellos, sañudas venganzas, represiones y estragos de los que fueron víctimas cientos de españoles dignos, como desarrollaremos luego.

Encarrilando y estimulando la indignación que cundía en amplios ámbitos del país y en los círculos avanzados de Europa, algunas logias masónicas se insinuaron ante Carlos IV solicitando su venia para la reivindicación de sus derechos a la corona efectiva de España. Se les había ocurrido hacerle regresar a ella en son de monarca constitucional.

Fuese por un mohín de escrúpulo, o por calculado deseo de encarecer su actuación, Carlos IV contestó con aspavientos de rechazo: «Soy padre, jamás olvidaré los deberes que la naturaleza me prescribe para con mis hijos; la venganza es indigna de mí; mi presencia encendería infaliblemente una guerra civil en España.» Es fama que así dijo al recibir los primeros esbozos de semejante programa político, según estudió Carreras Candi, aprovechando unas memorias de un gentilhombre de Carlos IV, llamado Carlos de Almeida y Sandoval. Huelga repetir que detrás de semejante actitud se percibe claramente que hablaba su esposa María Luisa como un apuntador de teatro.

La candidatura del rey derrocado como adalid del constitucionalismo español fue divulgada por periódicos liberales de nuestra lengua, editados en Londres y otros centros de actividad masónica. En enero de 1819, uno de ellos, *El Español Constitu-*

cional, anunciaba la próxima reinstauración de Carlos IV. Desgraciadamente para él y para tal empresa, la enfermedad acabó con el rey, según antes hemos dicho, añadiendo su embate a la consternación y depresión que le había causado la pérdida de su esposa.

Otro periódico, *O Portuguez,* de la misma filiación, redactado en tal idioma, recogió el desconcierto y la desilusión que se habían apoderado de los seguidores de aquella rara bandera tras perder a su candidato, dando a entender que la muerte del monarca no había sido tan justificada y natural como se decía, sino maligna. Algunos periódicos ingleses añadieron que también era misteriosa y sospechosa la muerte de la esposa de Fernando VII. Lo que ya no es ni enigmático ni oscuro es el episodio de inocente engaño en que vivieron los seniles monarcas exiliados, manipulados por fuerzas harto indiferentes a su felicidad personal.

La funesta ocurrencia kaiseriana del «tren sellado» que transportó a Lenin

El día 4 de junio de 1941 falleció en su palacete de Doorn, cerca de Utrecht, un anciano de cabello ondulado y barba blancos, muy erguido y arrogante. Era el kaiser Guillermo II de Alemania, refugiado desde 1918 en Holanda, tras haber abdicado del trono imperial de Alemania. Las tropas de su país tributaron honores militares a su féretro por orden de Hitler. Diecisiete días después, estos mismos soldados entraban inesperadamente en Rusia y ponían en marcha un ciclo de desdichas que cuatro años más tarde se cerraría con el hundimiento de Alemania y la apoteosis del poder soviético. Es lícito pensar que, de no haber sobrevenido la invasión nazi de la URSS, se habría producido sobre aquellos mismos años por sí solo el colapso del sistema soviético que hemos contemplado casi medio siglo después de aquellos trágicos hechos.

La causa profunda de tan colosales desgracias consiste en un hecho que en 1917 se desarrolló en secreto, con todas las bendiciones y esperanzas –lo contrario cuesta de creer– del emperador Guillermo y sus colaboradores. Han resultado enormemente más claros los efectos que las causas de la decisión que le dio origen, lo cual lleva a sospechar que ésta fue precipitada y maliciosa; en otras ocasiones en que se percibe una desproporción semejante entre antecedentes y consecuencias, la historia enseña que suele andar de por medio la ligereza insensata de quien manda.

¿Pudieron jamás figurarse el Kaiser y su gabinete que con el viaje de Lenin a la agonizante Rusia zarista estaban preparando el otro viaje que veintiocho años más tarde efectuarían las tropas comunistas hasta entrar en Berlín a sangre y fuego y ocupar media Europa durante cerca de cinco decenios? No vale la pena escarbar ahora en el análisis de la insólita determinación que nos ocupa, y rara es la fuente alemana que pretende valorar algún aspecto de aquella milenaria pifia. Por la misma razón, ésta no tiene padre conocido: nadie lucha por reivindicar la autoría del invento, en cuyo núcleo estuvo el kaiser. La historiografía comunista no se muestra ni encomiástica ni siquiera agradecida a que la Alemania imperial instalase en el corazón de Rusia la bomba de relojería que representaba la llegada de Lenin y sus íntimos. En seguida comprobaremos que la actitud del gobierno británico respecto del caudillo del comunismo era mucho más clarividente y previsora: las autoridades inglesas le negaron el pasaporte, secundaron la indicación de las autoridades poszaristas de Rusia en el sentido de que se dificultara el regreso a ella de los comunistas, y desde Londres mantuvieron a éstos bajo vigilancia.

Había estallado en Petrogrado, según entonces se llamaba la capital rusa, la revolución burguesa de febrero, que ocurrió en marzo de 1917, por peculiaridades del calendario que luego aclararemos. La crisis del régimen autocrático de Nicolás II tiene muchas facetas y motivaciones, comenzando por el quebranto que producía en su tenebroso hogar la hemofilia del príncipe heredero, y continuando con las repercusiones de semejante crispación, como la intimidad desatinada de Rasputín en palacio, los celos y suspicacias del zar respecto de cualquier solución conservadora y el fatalismo con que los palatinos, los nobles y los cuadros de mando rehusaron corregir el sistema imperial y optaron por dejarlo derrumbarse.

No es del caso que nos sumerjamos en mares tan oscuros. Retornemos al episodio que nos interesa. Su narradora más célebre, aunque maliciosa, fue la propia esposa de Lenin, Natalia Krupskaya. Refiere que, apenas Lenin tuvo noticia de la revolución de febrero de 1917 en Rusia, se impacientó por ir sin demora allá. Con su esposa y el grupo más íntimo de seguidores, se encontraba exiliado en Suiza, tras haber pasado unos años en Viena, en cuyo café Central los espejos saludan todavía a su fantasma.

El problema de Lenin estribaba en atravesar Alemania y los primeros planteamientos que se forjó versaron sobre la idea de cruzar el país enemigo a escondidas de sus autoridades. Reflexionó unos días acerca de la posibilidad de ser ayudado por algún contrabandista, pero no tardó en convencerse de que los que estuvieran a su alcance se habían enriquecido tanto en el curso de la guerra que era inconcebible que quisieran tratar con él, a la par que a Lenin le desagradaba acudir a pedirles apoyo.

Explica su esposa: «Se podía volar en aeroplano y tanto peor si nos abatían. Pero ¿dónde estaba el mágico aeroplano en el cual se podría volar hasta la Rusia revolucionaria? Lenin se pasaba noches enteras sin dormir. Cierta vez, de noche, me dijo: "¿Y si me fuese con el pasaporte de un sueco mudo?" Yo rompí a reír. "No sirve, puedes hablar en sueños. Si ves de noche a los demócratas de centro en tus pesadillas, dirás soñando en buen ruso: *¡Svoloch, svoloch!* (chusma) y entonces sabrán que no eres sueco." En todo caso el plan de viajar con un pasaporte de sueco mudo era más realizable que volar en no se sabía qué avión. Cuando supimos que con la ayuda de los compañeros suizos se podría conseguir permiso para pasar por Alemania, Lenin tomó inmediatamente el asunto en sus manos y trató de plantear las cosas de manera que no revistiesen el menor carácter de arreglo, no ya con el gobierno alemán sino ni siquiera con los *socialchovinistas* alemanes; deseaba que todo estuviese jurídicamente en regla.»

Es obligado interrumpir estas evocaciones de la señora Lenin para subrayar qué torpes son los esfuerzos que hace ella para disimular o mixtificar que el viaje que se proyectaba a través de la Alemania del kaiser obedecía, por lo menos en un cincuenta por ciento, al propósito de esta nación de embarullar lo que quedaba en pie de la Rusia que seguía siendo enemiga suya. Da risa la más leve suposición de que un tren pudiera atravesar Alemania en guerra sin que sus autoridades favorecieran el viaje.

Otras narraciones biográficas sobre Lenin son más ecuánimes y verosímiles que este enfoque de su mujer. La vida del mismo escrita por D. S. Mirsky, por ejemplo, no oculta que hubo toda una negociación entre él y el gobierno del kaiser. Medió en ella el socialista suizo Platten, el cual cuidó de dar forma a los detalles del viaje y en especial al requisito de que los viajeros permanecerían encerrados en los vagones y no tendrían relación alguna con la población alemana. Platten dirigiría la expedición y le serviría, si era preciso, de portavoz.

Esta biografía de Mirsky, que se publicó en Barcelona en 1931 con prólogo de Joaquín Maurín, expresa con elogiable sinceridad que «desde el primer momento adivinóse que aquel viaje serviría de pretexto para combatir a los internacionalistas que lo aceptasen. Y así aconteció. En la campaña de falsedades emprendida contra Lenin en el curso del año 1917, aquel viaje en tren especial a través de Alemania desempeñó el papel principal. Pero Lenin pensó que era preferible ser víctima de la maledicencia que permanecer lejos de Rusia cuando iba a decidirse la suerte de la revolución. Se evidenció unas semanas después que realmente no tenía abierto ante sí otro camino. Al principio, sólo los bolcheviques aceptaron regresar a Rusia a través de Alemania, ya que los demás socialistas decidieron confiarse a las autoridades británicas. Pero cuando, tras un mes de espera, éstas se negaron de plano a conceder los pasaportes a los demás emigrados, incluso a aquellos que pertenecían a la derecha del socialismo, el líder menchevique Martov comprendió que la única vía que seguir era imitar a los bolcheviques y cruzar Alemania». En este lugar Mirsky expresa las importantes frases siguientes: «Es evidente que al facilitar a los internacionalistas pacifistas rusos el regreso a su país, el Estado Mayor alemán obedecía a determinados fines, pero Lenin tenía clara conciencia del giro que iban a tomar los acontecimientos y hoy sabemos que él vio más lejos que el propio Ludendorff.» ¡Y tanto!

En el tren acompañaban al matrimonio Lenin las familias de Zinoviev, Jaritonov, Sokolnikov, Radek, Usievich y otros. El «tren sellado» cruzó Alemania hacia el norte y llegó a un punto de la frontera rusa. La propia Natalia Krupskaya reseña la desasosegada presteza con que Lenin pagó el costo del viaje: apenas vio soldados dispersos en las primeras estaciones aldeanas de Rusia que atravesó el tren, empezó a arengarles y a predicar contra la continuación de la guerra. «Pronto llegamos a Petersburgo –refiere su esposa–. Las masas, los obreros, los soldados, los marineros recibían a su jefe. ¿Cómo supieron que llegaba? No sé. En derredor, un océano de cabezas, el mar popular, la espontaneidad.»

En 1994 se han publicado en los Estados Unidos dos serios análisis globales del régimen soviético: *Russia under the Bolshevik regime* y *The soviet tragedy*, debidos a Richard Pipes y Martin Malia, respectivamente. El primero acentúa que el régimen soviético heredó y continuó el aparato de poder del zarismo, mientras que el segundo de esos autores atribuye a la doctrina del socialismo total la construcción de una máquina autoritaria. No es fácil despachar con breves frases problemas de semejante vastedad. Para concentrarnos en el episodio que nos toca, interesa poner en contraste que antes de salir de su exilio en Suiza, Lenin publicó una *Carta a los obreros suizos* donde concluía: «La transformación de la guerra imperialista en guerra civil es ya un hecho consumado.» Unas semanas más tarde, el 2 de mayo concretamente, Miliukov envió un mensaje a los aliados, en nombre del gobierno de Petrogrado, corroborándoles la fidelidad del pueblo ruso y su decisión de continuar la guerra contra Alemania.

Los partidarios de esta actitud difundieron la especie de que Lenin estaba al servicio del kaiser y promovieron incluso que fuera procesado. En el frente los alemanes batían a su gusto a los restos del ejército ruso. Kerensky formaba una frágil coalición de burgueses, militares y progresistas.

Lenin andaba escondido y huido, mientras continuaba su labor de agitación que culminaría en la Revolución de Octubre, la cual aconteció en nuestro 7 de noviembre. Ya es sabido que Rusia seguía un calendario ajeno a la reforma gregoriana y que el ajustado a ésta no se introdujo en la URSS hasta el 1 de febrero de 1918, meses después de consolidarse el poder comunista.

La medida más llamativa que éste adoptó, entre otras muchas de relevancia mundial, fue pedir el armisticio a Alemania, el 5 de diciembre de 1917, y comenzar las negociaciones germano-rusas que culminaron en la paz separada de Brest-Litovsk. Alemania dejó de tener enemigo al este y efectuó un esfuerzo supremo en el frente occidental, donde los aliados pasaron graves inquietudes. Hasta aquí, dentro de un cortísimo plazo, resultaba genial la idea de instalar a Lenin en Rusia y precipitar así no sólo el definitivo hundimiento del zarismo, sino también el fracaso de un endeble proyecto democrático ruso.

El lector conoce que semejante estrategia vino a ser similar al sistema de curar el dolor de cabeza cortando la cabeza. Una gran parte de los alemanes contemporáneos del episodio del «tren sellado» de Lenin tuvieron vida para presenciar el sanguinario asalto de los rusos de 1945 a Berlín.

El más grave error de Alfonso XIII

El más pernicioso de los errores cometidos por Alfonso XIII, secundado por sus escasos consejeros, consistió en dejar convertir la institución monárquica en tema y asunto de controversia política. Se quiso replicar a la ya añeja actividad de diversos partidos republicanos, con la de otros que tenían la ingenuidad de ostentar el adjetivo de monárquico en su programa. Semejante apelativo figuraba también durante el primer tercio de nuestro siglo en rótulos de entidades, círculos y agrupaciones. Desarrollaremos más adelante nuestro concepto de esta equivocación.

Acaso habrá pensado algún lector, al ver que enfocamos por esos caminos la calificación del anterior soberano español, que esquivamos el tratar de su desordenada intimidad. No damos un peso exagerado a la resonancia que la misma tuvo en la opinión pública de la época. Ésta se resintió más bien de los desaciertos políticos del monarca que de sus travesuras íntimas. La acentuada dedicación de Alfonso XIII a las aventuras eróticas ha sido tratada por buen número de historiadores contemporáneos y no necesita repetición en las presentes páginas.

Ricardo de la Cierva habla extensamente, en su brillante biografía de la reina Victoria Eugenia publicada por esta misma editorial, de «la desenfrenada vida personal de Alfonso XIII» y cita a diversos autores de nuestro tiempo que la han reconstruido, tras haberse él entrevistado con algunos de los personajes que la conocieron de cerca.

También constan apuntes acerca de la conducta sentimental del rey en una gama de autores anteriores que va desde Alcalá Zamora hasta Sainz Rodríguez, el duque de Maura, Pabón y otros, en términos que no se han prestado a discusión. Alcalá Zamora censura en los amigotes del rey la falta de tono y estilo: «La corte –dice– no era lo malo, sino la camarilla. Formaban ésta algunos palatinos y otros de puesto menos visible, pero de ascendiente más eficaz y funesto. Eran los llamados amigos del rey, título que, sin garantía adecuada, prodigábase aún más que el de proveedor de la Real Casa. Tales camarillas y tertulias se reclutaban generalmente entre cazadores, concurrentes al tiro de pichón y representantes de marcas de automóviles...»

Hay que destacar tristemente en este grupo al marqués de Viana, que ejerció influencia perniciosa sobre don Alfonso desde los primeros tiempos de su reinado, rebajando la función semiprotectora, semiinstructora, que se había adjudicado el duque de Sesto sobre Alfonso XII. Tal como éste se había excitado con la convicción de que su vida iba a ser acortada por la tuberculosis, su hijo emprendió un programa sistemático de distracciones cuando adquirió conciencia cabal de la hemofilia introducida en la dinastía a través de doña Victoria Eugenia. Aceleró entonces su insistencia en buscar o aceptar entretenimientos varios, en gran parte amatorios, y éstos abundaron, en España y fuera de España, en forma harto comentada por los publicistas de entonces y de ahora.

Por lo demás, es también sabido que estos amores y amoríos tuvieron diversos frutos, algunos radicados en París y otros en el mismo Madrid. Dentro de las diversas relaciones mantenidas por Alfonso XIII, están puntualizadas las que le conectaron con Celia Gámez, en sus primeros años españoles, y con la bellísima actriz Carmen Ruiz Moragas, que era de parecido asombroso con la reina Victoria Eugenia. Con la actriz tuvo dos hijos Alfonso XIII: una muchacha, Teresa, que casó con un italiano y murió joven, y Leandro, que vive en Madrid y mantiene excelente relación con su familia de sangre, y goza de general estima. Juan Balansó ha publicado, también en Planeta, un estudio sobre la familia marginal creada por Alfonso XIII en el curso de estos espisodios.

En el libro antes mencionado, La Cierva resume sus conversaciones personales con algunos que fueron interlocutores del rey Alfonso, ante los cuales éste comentó las causas principales de su caída del trono. Estos motivos, según él, habían sido cuatro: la represalia de las multinacionales del petróleo por haber cerrado Primo de Rivera el acceso directo al mercado español con el monopolio estatal del petróleos; luego, la aversión de los intelectuales, debida a factores diversos y heterogéneos; en tercer lugar, el desvío de los nacionalistas catalanes, incluso de muchos del ala conservadora y, por último, la acción de las logias masónicas por haberse negado reiteradamente don Alfonso a ingresar en la secta. Había manifestado el rey que, de haber consentido en esto, no hubiera perdido el trono.

No entendemos ni de petróleos ni de masones, pero sí un poco de intelectuales y de catalanes, y opinamos que el rey y sus colaboradores podían haber hecho mucho por enmendar la distancia visible y prolongada entre el trono y aquellos colectivos. En otro capítulo aludimos a tales malentendidos.

Estimamos que de tanto rango causal como los cuatro motivos indicados por el rey, según se le atribuye, son acaso otros, entre los cuales contemplaremos hoy sólo el anunciado más arriba: la equivocación de haber convertido la institución y el sentimiento monárquicos en lema y tema partidistas, que entraron en pugna con otros, haciendo de la monarquía un signo controvertible en cada ocasión electoral. Nadie concibe que, si se crearan partidos políticos en la Ciudad del Vaticano, uno de ellos se llamase partido católico, exponiendo el adjetivo a los embates de la discusión.

Veamos la candidez delirante con que en Barcelona, el 5 de enero de 1919, se convocó un «Día de Afirmación Monárquica» y se dio por fundada la Unión Monárquica Nacional por un seráfico grupo de caballeros, con alguno de los cuales tuve amistad, años después, y cuya buena fe garantizo. En aquellas mismas semanas Barcelona hervía en huelgas muy agrias, cundía la violencia en los sindicatos y el catalanismo crecía como la espuma. La Unión Monárquica Nacional, enfrentándose a ellos con este desafortunado nombre, se propuso concurrir a unas elecciones que había de haber el 29 de mayo siguiente. Se registró además una escisión en su seno y surgió la Federación Monárquica Autonomista. Apenas hará falta añadir que las elecciones resultaron desastrosas para esas agrupaciones innecesariamente llamadas monárquicas: no sacaron ni un diputado. Es probable que en otros lugares de España que no hemos podido investigar se registrasen descalabros parecidos. ¿Concibe alguien que en la Inglaterra, la Holanda, la Suecia contemporáneas vaya un colectivo a enfrentarse con antagonistas semejantes intitulándose monárquico?

Tampoco cabe imaginar en tales reinos que se celebren fuera de contexto homenajes al soberano, manifestaciones de adhesión a la monarquía y otras efusiones emotivo-patrióticas de parecida definición. Sin embargo, en los años finales de la anterior monarquía conocimos en España una abundancia tan extrema de ellos que es forzoso recelar de que tuvieran algo que ver con la caída misma del régimen, como si éste no pudiera sobrellevar el peso de tantas adhesiones entusiásticas.

El 1 de febrero de 1925 Primo de Rivera organizó una enorme manifestación de éstas en la plaza barcelonesa de Cataluña, con asistencia –harto programada– de todas las entidades y agrupaciones imaginables, colegios de chicos, gremios, casinos, nobles, militares, enfermeras de la Cruz Roja, y demás. Hablaron el cardenal Vidal y Barraquer, un obrero manual, el general Primo de Rivera y otros. Hubo pocos años después otros desbordamientos de entusiasmo con ocasión de las exposiciones de 1929, y, en suma, en medio de tantos clamores monárquicos, la gestación y proclamación de la República.

2. Torpezas y temeridades bélicas

Preámbulo acerca de la ineptitud militar de numerosos monarcas y príncipes

La historia enseña ciertamente que buen número de reyes y príncipes han llegado a este rango gracias a virtudes diversas y a la suerte que les ha asistido en las batallas. Al mismo tiempo, nos ilustra acerca de que otro importante contingente de soberanos y sus parientes han mostrado en las artes de la guerra una incompetencia superior a la media estadística. A un rey se debe precisamente la génesis del concepto de «victoria pírrica», es decir, aquella clase de triunfo militar donde se pierde mucho más de lo que se gana. Quien dio nombre a este tipo de éxitos, harto repetidos en la historia universal, fue Pirro, rey del pequeño estado de Epiro, en Grecia, en el siglo III a. C. Se le consideraba como el más brillante estratega después de Alejandro Magno y cabe pensar que mejoró las técnicas de éste a base de combinar la formación cerrada de la infantería macedónica, conocida como falange, con el uso de elefantes, los cuales cumplían en la batalla la misma función que desempeñan hoy los carros de combate.

En el año 280 a. C. pidiéronle socorro las ciudades griegas de la Italia meridional que deseaban defenderse de la preponderancia romana. Para un griego de la época, y más si era rey próspero y culto, los romanos de entonces eran una especie de gentuza bárbara. Por lo demás, en Roma no se había desarrollado en tanta medida como en tiempos posteriores la estructuración y la táctica de las legiones.

Durante una serie de batallas que libró en los cinco años siguientes, los romanos fueron batidos invariablemente por Pirro, con la única particularidad de que sus victorias fueron cada vez más dificultosas y gravosas, ya que los romanos iban estudiando la táctica de su enemigo y sacaban rápidamente enseñanzas de las derrotas sufridas. Después de obtener sobre ellos la victoria de Asculum, Pirro comentó: «Con otro triunfo como éste quedaremos en la ruina.»

Los elefantes eran todavía más preciosos y delicados que las vidas de sus guerreros. Ciertamente, aquéllos eran difíciles de reemplazar en Italia y las bajas que se producían en su número iban dejándolo cada vez más escaso. Por lo demás, ocurría con los elefantes igual que con los tanques de hoy, que el enemigo aprendía pronto a hacerles frente, corregía el espanto inicial que causaba su aparición y no tardaba en enterarse de los puntos débiles que tenían. Los elefantes cuando se asustaban –y los expertos dicen que nada hay más fácil que causar miedo a un elefante– se salían de las filas y, presos del pánico, empezaban a alborotar en su propio bando. Alejandro Magno ya había aprendido a aprovechar estas debilidades cuando había combatido contra los persas, los cuales hacían uso de elefantes en sus ejércitos.

Entre otros inventos tácticos que han pasado a la historia, Pirro se valió abundantemente de las marchas nocturnas para crear efectos de sorpresa y aventajar al enemigo. Sin embargo, estos ardides eran también arriesgados y fatigosos, y no podían ser empleados con demasiada frecuencia. Un trance en que le fue especialmente necesario hacer uso de ellos fue la batalla de Benevento, que dio Pirro en el año 275 a. C. contra dos ejércitos romanos, que eran, incluso por separado, superiores al suyo. Decidió habérselas con cada uno de ellos suelto, empezando por el que mandaba el cónsul Manio Cunio. Antes de emprender la marcha nocturna para situarse detrás del campo romano, Pirro tuvo un sueño en el cual sintió que perdía todos los dientes y que se le llenaba la boca de sangre. Supersticioso como tantos caudillos de su época, el rey de Epiro creyó que la pesadilla era un augurio de desastre y trató de corregir las disposiciones que había dado. Le dijeron que era tarde para enmendarlas y que las tropas estaban ya saliendo camino de sus posiciones.

Por desgracia para sus designios, las antorchas con que se alumbraban en la marcha nocturna fueron consumiéndose antes de llegar al sitio previsto y de que naciera el día. El resultado, tonto por demás, fue que los soldados de Epiro se perdieron en un bosque y sólo encontraron el camino del campo de batalla cuando hubo luz bastante. Huelga decir que los romanos gozaron entonces, situados como estaban en su propio terreno, de la ventaja suficiente para borrarlos del mapa. Agravó el desorden de las filas de Pirro el hecho de que un elefante, enloquecido por el dolor de las heridas que recibió, corriera en busca de su madre que combatía algo más lejos. Este rasgo de amor materno-filial fue mal visto por los soldados propios que se vieron atropellados por los dos elefantes en los ansiosos movimientos que éstos hicieron para auxiliarse. Pirro había sido derrotado por vez primera y se marchó amargamente de Italia, dejando a sus aliados a la merced de la expansión de Roma. Algo más tarde, tuvo una muerte tan desairada como el curso de esta batalla postrera: le cayó en la cabeza una teja del techo de una casa y le dejó en el sitio.

Nuestro gran problema en este triste catálogo no es el de buscar ejemplos de reyes desdichados en el campo de batalla sino apartar muchos, tras una selección ocasional. Veamos el caso de Luis IX de Francia (1214-1270). No fueron ciertamente sus combates contra los infieles los que le ganaron la gloria de la santidad: san Luis fue muy poco afortunado en la larga serie de campañas que emprendió dentro del movimiento cruzado. Tomando parte en la Sexta Cruzada (1244), tuvo que padecer derrota y prisión en Egipto. Después de haber conquistado la ciudad de Damietta, en la desembocadura del Nilo, el rey Luis hizo que sus tropas remontasen la corriente hacia El Mansura, ciudad donde estaba acampado y fortificado un gran ejército musulmán.

Durante dos meses los cruzados se esforzaron en atravesar un canal derivado del Nilo para poder atacar el campamento islámico. Descubrieron en este tiempo que era posible pasar la corriente usando un vado, pero que el seguir este camino insólito requería gran esmero y disciplina. No era ésta la virtud más brillante de los cruzados en general y las tropas del rey cometieron la imprudencia de perseguir a una partida de árabes que vieron a lo lejos y meterse, en el curso del acoso, en pleno campamento contrario.

De ello derivó que el propio rey quedase preso varios años hasta que pagó rescate y pudo volver a Europa. En el año 1266 volvió a emprender una cruzada que le llevó a pasar cuatro años infructuosos y desgraciados ante Túnez y morir allí de peste.

La mala fortuna se repitió para las tropas francesas en una de sus jornadas más siniestras, la batalla de Crécy, dada en 1346, en suelo francés, dentro de las prolongadas luchas entre ingleses y franceses y sus respectivos aliados, que hemos dado en llamar guerra de los Cien Años, y que, desde luego, ni fue una sola guerra ni duró un siglo. Los ingleses en Crécy eran doce mil hombres, entre ellos ocho mil arqueros, proporción inaudita hasta aquella jornada, y los franceses no diferían mayormente de ellos en número. El rey Eduardo III acaudillaba al ejército inglés y el francés estaba encabezado por su rey Felipe VI, acompañado por el emperador Carlos, el rey Jaime II de Mallorca y el rey de Bohemia, que era ciego e iba atado a la silla y flanqueado por dos caballeros para que le orientaran en la batalla.

La caballería del bando francés era especialmente esplendorosa y el combate vino a plantear el antagonismo entre unas formaciones de infantes dotados de la capacidad de lanzar rápidamente gran volumen de proyectiles, y las tradicionales filas de jinetes cubiertos de armaduras. Aparte de que en el día de hoy cualquiera de nosotros dictaminaría que la ventaja corresponderá a la infantería bien armada, hay que añadir que el rey de Francia era uno de los muchos monarcas incompetentes en la guerra que estamos evocando.

Ciertamente, contaba a su lado también con cinco mil arqueros genoveses, mercenarios hábiles. Sin embargo, la estrategia francesa estuvo marcada por la confusión. Siguió mecánicamente la rutina de siglos anteriores y se encontró sorprendida por el efecto devastador de millares de flechas lanzadas repetidamente contra las filas de los caballeros. Más de mil quinientos de éstos, tenidos por la flor de la nobleza francesa, quedaron en el campo de batalla. La experiencia no fue aprovechada y unos lustros más tarde, en la batalla de Agincourt, en 1415, entre los mismos rivales, se repitió la victoria de la infantería inglesa sobre la caballería francesa.

Nuestro rey Alfonso X el Sabio debía de estar sobradamente enterado de la ineptitud militar de muchos de sus congéneres cuando creyó oportuno insertar en las *Partidas* una vigorosa exhortación a que el monarca tenga formación militar y adquiera conocimiento de dos especies de cosas: «las unas que atañen a hecho de armas para ayudarse de ellas cuando menester fuere, y las otras para tener sabor y placer con que pueda mejor sufrir los trabajos y los pesares cuando los tuviere. En efecto, en hechos de caballería conviene que sea competente para poder mejor amparar lo suyo y conquistar lo de los enemigos. Y por ende debe saber cabalgar muy bien y prestamente, y usar toda manera de armas» (1, 3, 5).

Ya que estamos introducidos así en la Edad Media, veamos una serie de casos concretos de mala fortuna bélica en las testas coronadas de nuestra Península en tal época.

Los incompetentes caudillos de la Reconquista

Mal que les pese a los fantasmas de algunos venerables historiadores castellanos, el concepto de Reconquista como «ocho siglos de incesante batallar» no se tiene hoy en pie. En el curso del tiempo que va desde la batalla de Covadonga hasta la toma de Granada, abundaron los intervalos de paz y convivencia, a veces incluso efusiva, entre los musulmanes y los cristianos de la Península. No existió pues continuidad en el empeño ni tampoco se dio un propósito reconquistador simultáneo en las diversas monarquías cristianas que desde el Mediterráneo a Portugal estaban frente a los moros. Es sabido que abundaron los casos en que un magnate cristiano llegó a aliarse con ellos en contra de sus hermanos de religión, o se registró el supuesto recíproco, según veremos en seguida.

Todavía inspira mayor desilusión el reparar en que son muy frecuentes los desastres y derrotas padecidos por las tropas cristianas en el curso de aquellos siglos, aunque se subraye una y otra vez que militaban apoyadas por poderes celestiales. No ya frecuente, sino habitual, es que los jefes de dichas huestes den muestras de incompetencia, descuido y hasta insensatez garrafales, muy poco corregidos por el propósito de enmienda que raras veces practican.

Como era de rúbrica que tales jefes fuesen los reyes, sus deudos y los nobles más próximos, dicho repertorio de inepcias quedó acumulado a los anales regios. En su estudio sobre *Las grandes batallas de la Reconquista durante las invasiones africanas*, Ambrosio Huici Miranda, a quien seguiremos consultando, entiende que «los castellanos, en general (igual podría decir los cristianos), no tenían más concepto de la batalla que el de un choque frontal en el que su valor y la eficacia de su caballería enlorigada les permitían forzar y deshacer las líneas enemigas, en las que sembraban el pánico al estilo de las modernas divisiones acorazadas. Los servicios de aprovisionamiento eran muy rudimentarios y, dado el número relativamente elevado de los combatientes y la pobreza del territorio, era imposible sacar el debido fruto de un triunfo, logrado a veces a precio sumamente caro». Claro está que este concepto de la guerra estaba compartido a menudo por los colegas musulmanes de nuestros dirigentes.

En cambio, en el campo moro se padecieron dos grandes desventajas básicas respecto del cristiano, especialmente nocivas en la época de las tres grandes invasiones africanas (siglos XI al XIV), la cual es, por cierto, la fase de mayor peligro para la causa cristiana. Contó ésta en su favor con que las grandes masas de combatientes islámicos se reclutaban en el fondo de Marruecos y el Sudán; se organizaban allí con lentitud, y su embarco, llegada y ofensiva eran conocidos por los reyes cristianos con meses de anticipación, casi siempre desaprovechados. Por otro lado, la caída de los tres aludes africanos sobre la Península estuvo seguida de unas perturbaciones y crisis en la sociedad y los poderes del Ándalus, que fueron tanto más perniciosos allí cuanto que coincidían con la cristalización de los reinos cristianos y su fortalecimiento. Si éstos hubiesen sido más ricos y poblados y sus familias regias se hubieran conducido con más prudencia y decoro, es concebible que hubieran prevalecido pronto sobre los reinos del sur y la Reconquista –para emplear la amplia y vaga noción escolar– hubiera podido terminar mucho antes.

Para apartarnos de la tentación de hablar de historia a base de hipótesis, pasaremos a resumir unas pinceladas que especifican lo antedicho concretándolo en algunos episodios escogidos al azar.

Uno de los que han dejado más amargor en los anales de la lucha contra los musulmanes es la derrota que éstos nos infligieron en el año 921 en el paraje navarro de Valdejunquera. Tal batalla fue grave en sí misma para la causa cristiana, personificada en los reyes Ordoño II de León (914-924) y Sancho García Abarca, de Navarra (905-926), pero todavía suena a más catastrófica si se contemplan sus resultancias.

El rey de León fue solicitado por el de Navarra para que acudiera al combate, y le acompañaron dos obispos que habían movilizado a sus propias tropas; eran Hermogio, de Tuy, y Dulcidio, de Salamanca, y cayeron presos de los moros. El rey de León hubo de soportar el desaire de que unos condes de Castilla, vasallos suyos, a los que había requerido para que se sumaran a sus tropas, le dejaran plantado, pero su desquite fue terrible, según veremos en seguida.

Parece ser, según Lafuente, que para general sorpresa los moros no aprovecharon su victoria inicial sobre esta coalición, sino que tuvieron la fantasía de dirigirse hacia Francia y llegar hasta Toulouse: «Acaso se contentaron con la curiosidad de visitarla rápidamente –dice Lafuente– o con la vanidad de poder contar que habían visitado los países donde habían llegado las armas de sus mayores. De todos modos, al regreso, tuvieron ocasión de reconocer su imprudencia, porque rehechos Sancho y García los esperaron en los terribles desfiladeros del Roncal y vengaron la derrota de Valdejunquera.»

Este éxito animó quizá a Ordoño II a distraerse de los peligros de la guerra y dedicarse a alegrar su hogar: había enviudado de su primera esposa y resolvió contraer segundas nupcias con una señora gallega llamada Aragonta, a la cual repudió poco más tarde; pasó luego a tomar otra tercera esposa, llamada Sancha, de la familia real de Navarra.

Todavía le quedó tiempo y genio para disponerse a castigar a los condes de Castilla que no habían secundado su convocatoria a la batalla. «Sabedor Ordoño de que se hallaban reunidos en Burgos, los invitó a una conferencia en un pueblecito de la provincia llamado Tejares, sobre las márgenes del

Carrión; acudieron allí sin desconfianza los desprevenidos condes, y tan luego como los tuvo en su poder, hízolos conducir cargados de cadenas a las cárceles de León; después de lo cual ya no se supo más sino que todos habían sido condenados a muerte. De desear sería –añade el citado autor cándida o sardónicamente– que se descubriera si llegó a formarse el proceso de estos desgraciados.»

No nos alejaremos de semejantes desdichas gran cosa ni en el tiempo ni en el espacio para contemplar otra mayor: la lamentable batalla de Atapuerca, sostenida en el año 1054 por las tropas del rey García III de Navarra (1035-1054) contra las de su hermano Fernando I, rey de Castilla (1037-1065), hijos ambos de Sancho III el Mayor de Navarra. Más aún, García contaba en su bando con un tropel de musulmanes que se le habían aliado para hacer la guerra contra los castellanos. No bastó la embajada de dos venerables varones, nada menos que san Ignacio de Oña y santo Domingo de Silos, enviados por Fernando para sosegar a su hermano. San Ignacio, unas horas más tarde, no pudo hacer otra cosa que confesar y extremaunciar al alocado rey de Navarra, que murió en el campo de batalla, en tierra todavía hoy conocida con el nombre de «la matanza».

Uno de los descalabros más catastróficos de la causa cristiana en esta época fue la batalla de Zalaca, temerariamente librada por Alfonso VI de Castilla y León el 23 de octubre de 1086 contra las huestes ingentes de los almorávides acaudilladas por Yusuf ben Taxfin.

Son ya sabidas de antiguo las graves carencias del rey Alfonso en cualquiera de las facultades exigibles a un caudillo. Su temeridad y su falta de reflexión fueron manifiestas en el llano de Zalaca, con el Badajoz musulmán fortificado al fondo. El rey lanzó a su pesada caballería desde cosa de seis kilómetros de distancia, de modo que los moros apenas tuvieron más que estarse quietos en sus posiciones, para provocar que, cansados y desordenados, los cristianos se retirasen penosamente. Fue una suerte para éstos que Yusuf determinara volverse a Sevilla y Marruecos en el acto, y no emprendiera la persecución de su desalentado enemigo.

Alfonso VI había creído estar muy agudo al disponer que el ataque se efectuase en viernes, día sagrado para los musulmanes. Tuvo un curioso sueño unas semanas antes de la batalla: en la noche se vio a sí mismo montado en un elefante y llevando al costado de éste un tambor que tañía, estampa que le sobresaltó. Al despertar, mandó llamar a los obispos y los rabinos y les consultó cuál era el significado de la visión. Ni el elefante ni el tambor eran usuales en suelo peninsular, y el rey se mostraba inquieto y curioso. Los obispos y rabinos le dijeron: «Tu visión indica que derrotarás a todos los musulmanes, ganarás sus riquezas y volverás glorioso y vencedor. El elefante que montabas es el rey enemigo.»

El rey Alfonso repuso que dudaba mucho de que esta interpretación fuese acertada porque el corazón le insinuaba que pecaba de optimista. Por esta razón, quiso consultar también a algún musulmán sabio. Después de penas y trabajos para encontrar a uno que se prestara a asesorarle, un alfaquí de Toledo le declaró que el sueño anunciaba que sería vergonzosamente derrotado y que los signos contenidos en la visión figuraban en el Corán indicando la ruina de los enemigos del Profeta.

Las presunciones pesimistas del rey tuvieron ocasión de confirmarse en la siguiente derrota de Uclés, ganada por los mismos almorávides –mandados esta vez por Tamim, hermano de Yusuf–, el 30 de mayo de 1108, desastre donde el rey Alfonso no sólo perdió la lid sino a su hijo Sancho, de once años de edad. La trágica muerte del niño en la lucha crece en singularidad si se repara en que era el único heredero directo varón del rey castellano; tenía éste puestas en él todas sus ilusiones, le había armado caballero y le había enseñado a manejar un corcel. Las crónicas repiten los lamentos desesperados de su padre: «*¡Ay, meu fillo, ay, meu fillo! Caballeros, ¿hu me lo dejastes?*»

El rey Alfonso poco había tenido que ganar en esta batalla: era anciano –moriría al año siguiente–, estaba achacoso y hay quien dice incluso que herido en una batalla anterior. Cuando el rey Alfonso se hubo retirado vencido, le quedaron energías para casarse de nuevo y ganar el récord de ser el soberano de todas las monarquías hispanas que más veces ha contraído nupcias: son seis, y hay quien dice siete, porque, según el P. Flórez, los enlaces de Alfonso VI son un piélago insondable. La última esposa fue «una señora nombrada Beatriz cuyo consorcio le proporcionaría en sus últimos días algunos consuelos, pero la naturaleza le negó ya el de la sucesión», dice don Modesto Lafuente.

Para continuar este hilván anotaremos muy rápidamente, de la mano de este mismo historiador, una ocurrencia del rey Alfonso Enríquez, de Portugal, conquistador de Santarem, Cintra y Lisboa. En 1169 pretendió tomar Badajoz a los moros. No respetó la creencia general de que esta plaza correspondía al ámbito de la expansión de León. El soberano de este reino, yerno del lusitano, era Fernando II (1157-1188) y se dispuso a atajar la intrusión de Alfonso Enríquez. Voló con su ejército contra los portugueses, sitiadores de Badajoz, y los puso en la incómoda situación de encontrarse acorralados entre los moros de dentro y los leoneses de fuera. El rey portugués, según dice Lafuente, «corriendo a todo escape para ganar una de las puertas de la ciudad, chocó violentamente en ella y recibió un golpe que le fracturó una pierna contra el hierro de su propia armadura, cayó sin sentido del caballo y fue hecho prisionero por la caballería de León». Fernando II mandó curar y atender al cautivo; obtuvo, faltaría más, que le devolviera los castillos y bienes que le había tomado y le dejó volver en paz a Portugal, aunque consta que la fractura de la pierna no le permitió guerrear más, cosa que celebró todo el mundo.

Nadie discute el valor de Alfonso VIII (1158-1214), coetáneo del anterior en Castilla, pero se le reprocha atolondramiento, descuido, mala pata en el trato con sus colaboradores e impaciencia en precipitar las batallas antes de contar con todos los elementos que necesitaba. En Alarcos, plaza manchega, el rey se lanzó a la lucha sin esperar a que llegaran los leoneses y navarros ni la mesnada de los condes de Lara. El poderoso noble don Pedro Fernández de Castro se había pasado a los moros con abundantes seguidores para protestar contra las paces firmadas el año antes entre Castilla y León. Don Pedro estuvo presente en la batalla de Alarcos, aunque no consta si luchó en persona contra sus antiguos compañeros. Lo que sí hizo fue negociar la rendición de los cristianos que defendían el castillo de la población, cuando el rey Alfonso se hubo retirado; he aquí un nuevo testimonio de lo casuístico que resulta, mirado en detalle, el fenómeno inexactamente globalizado como Reconquista.

Alfonso VIII salió muy quebrantado de la rota de Alarcos, donde hubiera muerto gloriosamente si sus íntimos no se lo hubieran llevado casi a la fuerza al retirarse. Tres obispos murieron en el combate, dato que Huici Miranda interpreta sabiamente como que los cristianos fueron en gran parte copados y sorprendidos. Tardaría Alfonso VIII diecisiete años en reconstruir sus tropas y volver al combate contra los almohades, esta vez con el importantísimo concurso de Sancho VIII el Fuerte de

Navarra, y Pedro II de Aragón, el joven e impetuoso progenitor de Jaime I.

El rey de Castilla reanudó la guerra contra los moros en la campaña de 1212, culminada en la gran victoria de las Navas de Tolosa, si es que no preferimos la suposición de que ésta se logró en el vecino paraje del Puerto del Muradal, conforme muchos sostienen. Dejemos a un lado este punto curioso; y también los denuestos que merecen la voracidad, la rapiña y la desvergüenza de los extranjeros «cruzados» –en su mayoría, franceses– que vinieron, en teoría, a socorrer a la causa cristiana, y en realidad a saquear el país.

Apenas se les pusieron trabas o vieron que éste no daba tanto como codiciaban, los extranjeros volvieron a pasar los Pirineos, sin dejar de robar y matar por el camino. El rey de Portugal se abstuvo de acudir a la batalla.

Sin enmendarse, el rey Alfonso volvió a conducirse en esta otra acción con las mismas deficiencias que en Alarcos. Dicho muy en síntesis, se encontró en un momento dado con el camino cortado por un precipicio mientras se veía abrumado por las fuerzas enemigas. Su pundonor le prohibía salirse por la tangente y le llevó a meterse en aquel barranco. Todavía estaría ahora allí, si un pastor o cazador –o según la tradición piadosa, un ángel, o san Isidro– no le hubiera indicado un sendero oculto, por donde salió a una posición ventajosa en la llanura.

Al margen de la dudosa capacidad táctica del rey de Castilla, importa señalar aquí que la victoria de las Navas de Tolosa hace época por varios conceptos: el más notorio consiste en que es la primera que cuenta con una amplísima glosa literaria y doctrinal, gracias a la presencia y la buena pluma de cronista del arzobispo Rodrigo Jiménez de Rada; en segundo lugar, este triunfo constituye el epílogo de la fase más lastimosa de discordias entre reinos cristianos por lo que tocaba a sus relaciones con el Ándalus; se cierra también con ella la época de los combates aureolados por milagros grandiosos, de los cuales se inserta en las Navas de Tolosa un amplio repertorio, con la presencia del milagroso guía citado, un incendio en el campo de batalla que Dios vuelve contra los moros, la aparición de la cruz en el cielo, la gran desproporción entre las bajas propias y las de los moros, y otros muchos prodigios.

Por parte musulmana se achacó la derrota, muy sentida por los cronistas de aquel bando, a causas descritas rústicamente pero que hemos de interpretar con alguna mayor sutileza: se quejan los analistas musulmanes de lo que llaman la traición del rey de León, la cual consistió solamente en que éste aprovechó como un truhán los apuros de su colega de Castilla para ratear un poco en su patrimonio, pero no ayudó a los moros como éstos esperaban; hablan también de la traición de los almohades, lo cual debe querer decir simplemente que no acabaron de avenirse eficazmente con los andaluces; se reprocha a éstos cierta flojedad y apatía en la batalla y que la abandonaron en el peor momento, y también se echa la culpa a la torpeza del emir almohade Al-Nasir.

Esta última observación viene a igualar la ineptitud de nuestros caudillos con la que mostraban los del bando musulmán. Se insiste igualmente en la incompetencia de estos últimos al analizar la batalla del Salado, librada el 30 de octubre de 1340 por el rey de Castilla, Alfonso XI (1312-1350), aliado con el de Portugal, esta vez, contra los benimerines. El Salado es un riachuelo que desemboca en aguas del estrecho de Gibraltar, plaza que había sitiado el mismo rey, llevado de profunda preocupación por el dominio de aquel paso. La oleada de los benimerines es la más floja y confusa de las tres grandes invasiones africanas. Se registran a la vez turbaciones dinásticas en el mosaico de pequeños reinos andaluces y su tibieza ante el ideal de guerra santa, único que había logrado articular al ingente maremágnum de las dos invasiones anteriores.

Una nota trágicamente singular de la batalla del Salado fue el asalto cristiano al recinto privado de Abu-l-Hasan, el caudillo musulmán, donde las mujeres de su harén se defendieron heroicamente, hasta el punto de perder la vida en la refriega la esposa principal de dicho jefe, junto con varias de sus homólogas. Anota Ibn Jaldun que los reyes cristianos sintieron mucho no haberlas hecho prisioneras por el gran rescate que les hubieran procurado; acaso esta explicación peca de demasiado pudorosa y deja algún resquicio abierto a la suspicacia acerca de si, en el tumulto, alguno de aquellos combatientes no aspiraba a satisfacciones más inmediatas. Consta que los soldados cristianos se dedicaron con avidez al saqueo del campamento musulmán y que encontraron botín tan abundante que la cotización del oro y de la plata bajó en una sexta parte en los mercados europeos, como París y Aviñón, por no mencionar las plazas peninsulares.

El jefe musulmán no prestó la debida atención a que su enemigo estaba distraído en estos quehaceres y, todavía peor, que éste apenas tenía provisiones para comer los días siguientes, en términos que a los cristianos les costó Dios y ayuda regresar a Sevilla. Si los benimerines hubieran contraatacado, hubieran exterminado a las tropas cristianas, y a estas horas acaso España entera estaría gobernada desde aquellas latitudes.

Todas las entretenidas antiguallas que hemos hilvanado en este capítulo pueden conducir a una reflexión mucho más seria y trascendental: que se aproxima a Europa –y en primera línea, a España– una nueva oleada africanizadora e islamizadora como aquella de hace mil años. Jean-Claude Chesnais ha escrito: «Europa se está enfrentando con una islamización o africanización en cuanto que se ensancha la divergencia económica y demográfica entre las dos orillas del Mediterráneo y las gentes emigran desde el Sur hacia el Norte»; es decir, más o menos lo mismo que cuando fueron viniendo a la península las sucesivas oleadas migratorias musulmanas. Los mismos fenómenos profundos y determinantes se dieron hace mil años y hoy; una fase de calor y sequedad en el Mogreb y el Sudán (la cual será acaso irreversible y permanente) y la contraposición entre una población creciente en el África islámica y una población estancada o menguante en Europa.

En 1991 James Dale Davidson y lord William Rees-Mogg publicaron en Nueva York *The great reckoning*, esquema de los enormes cambios que acontecerán en los años presentes y próximos. Uno de ellos es la embestida migratoria, religiosa, económica, incluso terrorista, que está empezando a lanzar contra Occidente una masa islámica vestida de fundamentalismo, que es –o acabará pronto por ser– la misma desde el Indo al Senegal.

En España ya la conocimos hace muchos siglos, según acabamos de esbozar medio en broma. Poco podemos criticar que los reyes de Castilla, de Navarra, de Aragón y los demás poderes cristianos no supieran ponerse de acuerdo a propósito del peligro, cuando en el día de hoy tampoco lo hacen las naciones de la ribera septentrional del Mediterráneo y las situadas más al norte. Dentro de pocos años –¡cosa curiosa!– batallaremos en guerras religiosas, como el Cid, si es que no hemos empezado ya a hacerlo sin darnos cuenta del conjunto del problema. Y lo sarcástico es que somos y seremos tan incompetentes como los Ordoños, los Fruelas y los Sanchos de antaño.

El triste fin del «Vasa», diseñado de real mano

El antiguo navío *Vasa* se ha convertido en uno de los centros de atracciones de turistas de Estocolmo, además de constituir un tesoro de noticias y objetos para los estudiosos de la marina. El bajel integrado hoy en un museo para toda la eternidad, sigue ofreciendo estampa majestuosa. Demasiado: se echa de ver pronto que la obra muerta abulta demasiado. Sus dimensiones desproporcionadas fueron la causa de que el barco se diera la vuelta en cosa de minutos y se hundiese el 10 de agosto de 1628, llevándose consigo a cientos de tripulantes y de invitados. Sus restos fueron recogidos dentro de los complejos y refinados trabajos que recuperación del casco, en 1956-1960. Yo lo vi poco después, sobre el año 1961, cuando aún era preciso que docenas de mangueras lo estuvieran regando sin cesar para que no se alterase su maderamen. Ahora está acondicionado bajo techo y restaurado adecuadamente. Se ha disipado aquel vago olor a tragedia que exhalaba, mezclado con efluvios de química y de rancia humedad.

El drama había empezado tres años antes de la catástrofe y su punto de partida –no nos andemos con tapujos– fue la hora infausta en que el rey Gustavo II Adolfo de Suecia (1594-1632) se había sentado a dibujar los planos del navío, empresa a la cual ciertamente no le llamaba Dios. El Señor le había colmado de otros dones, entre ellos el de su interesante hija Cristina (1626-1689), su sucesora en la corona hasta 1644. El llamado León del Norte, figura máxima de la causa protestante en las guerras de religión y campeador en otras muchas, acabaría muriendo con gloria en Lützen, después de haber ganado la batalla. Su gobierno fue riguroso y positivo. Todo muy bien, pero... como ingeniero naval, un desastre.

El rey aludía con el nombre que dio al barco a la dinastía reinante, cuyo fundador había sido su abuelo, y «Vasa» era la finca solariega, cercana a la letrada Uppsala, de donde venía la estirpe.

Cuando hubo ocurrido la desgracia, se vio que el capitán, llamado Söfring Hansson, había tenido la suerte o la desgracia de salvar la vida de modo prodigioso, lo cual le convirtió automáticamente en cabeza de turco de las prolijas investigaciones que siguieron. Cuando se le empezó a picotear con preguntas sobre por qué había hecho aquello y lo de más allá, el hombre declaró que nunca había tenido la menor confianza en el *Vasa*, y que había estado convencido de que el barco sólo flotaría durante unos minutos en cuanto lo pusieran en la mar.

«¿Por qué?», preguntó severamente el campanudo almirante Carl Carlsson Gyllenhielm, que presidía la comisión investigadora que se formó. Porque el barco pesaba más en su parte superior que en la parte inferior. «¿Y por qué no le pusieron más lastre?», volvió a preguntar. Pues porque la fila más baja de cañones, con sus troneras, estaba construida a poco más de un metro de la superficie del agua, y si el barco se hundía algo, el agua entraría sin remedio, de modo que también se iría a pique, sólo que más aprisa.

Antes de admitir evidencias tan elementales, la comisión investigadora insistió en llamar a media humanidad. Algunos oficiales dijeron seriamente que hacía semanas que estaban convencidos de que el barco se daría la vuelta apenas fuese botado, porque era demasiado estrecho y ligero en la parte sumergida, la obra viva. Se había efectuado poco antes una prueba de la estabilidad del *Vasa*, consistente en ordenar a treinta hombres que corrieran de una banda a otra y el barco se había balanceado como un columpio, tanto que el almirante Fleming, que llevaba el tema, había prohibido seguir la prueba por miedo a que allí y entonces se produjera ya la temida catástrofe. Aun así, Fleming se hacía fuerte en decir que el constructor sabía muy bien lo que se pescaba y que estaba cansado de hacer buenos barcos.

Llamaron al constructor, que se llamaba Hein Jacobsson. Cuando le preguntaron por qué había construido una obra viva del barco tan delgada y ligera, contestó que así estaba en los planos. ¿Quién había hecho los planos? Un tal maestro Henrik Hybertsson, holandés, que se había muerto un año antes. En una novela policíaca moderna, este inconveniente habría representado la cancelación del relato, pero aquí no. Se escudriñaron los horarios y las tareas del tal Henrik y vino a resultar que se pasaba el día reunido con el rey Gustavo Adolfo, el cual le dictaba al milímetro cómo había de ser el barco. Más aún: el maestro Henrik había ensanchado por su cuenta la parte sumergida del mismo, porque no había aprobado que fuera tan fina. Por lo que tocaba a la inspiración del rey, vino a sugerirse que éste admiraba cierto barco francés construido en Holanda, el cual seguía flotando, dicho sea de paso, y que había copiado sus perfiles.

La persecución se desintegró como un terrón de azúcar. Ya no se sabía si reprochar a los constructores del *Vasa* que hubieran seguido las instrucciones del rey con excesiva docilidad, o insinuar que lo malo había estribado en no seguirlas. Como tampoco era cuestión de interrogar al rey, la averiguación quedó aplazada y la culpa, sin concretar.

Lo que había pasado con el *Vasa,* no ya en el primer día sino en el primer cuarto de hora de su navegación, apenas necesita ser referido. En aquella jornada de agosto de 1628 en que había de hacerse a la mar, estaba anclado delante del palacio real, en un noble paraje del puerto de Estocolmo, con lo más florido de la ciudad y la corte contemplando la fiesta, y cientos de invitados que habían subido a bordo. El rey estaba en Alemania con sus tropas. El navío levó anclas y empezó a deslizarse por el agua, rodeado de cientos de barquitas donde los curiosos vitoreaban y aplaudían. La suavísima brisa que movió al *Vasa* para separarla unos metros del muelle se convirtió en un vientecillo alegre que hizo en seguida escorar el barco, con general susto.

El capitán mandó dejar suelta la mayor parte del velamen para que no recibiera tanto empuje del aire. Sus angustiadas voces no llegaron a tiempo de evitar que al siguiente bandazo que dio el barco entrara el agua libremente por las troneras de los cañones inferiores, y que en pocos minutos zozobrara, tras haber recorrido unos cientos de metros. Con él se fue a pique no sólo el orgullo nacional, sino la esperanza puesta en que su entrada en servicio reforzara decisivamente la causa sueca y protestante dentro de la guerra de los Treinta Años. El indignado y clamoroso «¿Cómo ha podido ocurrir?» encontró pronto las respuestas más claras e infantiles, y por ello peligrosamente comprometedoras.

Las carnicerías de Federico el Grande

«Un hombre como yo no siente mucha preocupación por la vida de un millón de hombres», decía Napoleón Bonaparte, admirador fervoroso del rey de Prusia Federico II llamado el Grande por muchos motivos, entre ellos su genial talento militar. A pesar de esta excelencia campeadora, es lícito atribuir tanto a Federico de Prusia como a su discípulo Bonaparte, un estilo carnicero de táctica con el cual frecuentemente alcanzaron la victoria técnica pero con unos costes de difícil remedio.

Una de las batallas más sangrientas desarrolladas por el rey prusiano fue, en el curso de la guerra de los Siete Años, la de Liegnitz, en 1760, con 44 000 hombres contra 53 000 que tenían los austríacos. Había dividido sus tropas en dos fracciones y retenía consigo a una de ellas mientras que había enviado a vanguardia al mariscal Zieten, el cual se hallaba a unos siete kilómetros. En cierto momento, el rey oyó cañonazos, creyó que Zieten había entrado en fuego por su cuenta y se atropelló a mandarle refuerzos. Esto equivalió a que la infantería se metiera torpemente en la acción y padeciera millares de bajas en poco rato. En suma, en esta batalla, aunque saliera victorioso, Federico de Prusia tuvo cerca de diecisiete mil bajas, es decir, más de la tercera parte de sus efectivos. No consta que se impresionara mucho. En otro combate, andaba detrás de sus soldados achuchándolos a bastonazos para que avanzasen y les gritaba: «¡Venga, gandules, a morir! ¿Creéis que vais a ser eternos?»

En otro combate, el de Kolin, tres años antes, en 1757, el rey había perdido cerca de la mitad de sus tropas, y además había salido derrotado. Con 35 000 soldados se había enfrentado a los 53 000 del mariscal austríaco Daun, atrincherados en lo alto de una colina y protegidos por cañones pesados, que se habían divertido en disparar sin cesar contra los infantes que iban subiendo por la pendiente.

No dejó de contribuir a este resultado el hecho –no insólito en el rey– de que acudiera a la batalla sin mapa alguno, y allí tampoco se lo pudo procurar entre sus generales. «Muchos de ustedes ya han combatido por esos contornos y deben acordarse del terreno», dijo tan tranquilo. Cierto es que el rey y sus interlocutores eran tal para cual: se cuenta que uno de aquellos generales había ido a comprar un mapa y el vendedor le había preguntado si lo quería parcial o general. «¿No ve que soy general, estúpido? –le contestó–. ¡General, naturalmente!»

Con estos fundamentos pasaban luego cosas raras y perjudiciales: si lo habían de confiar todo a la vista y a la memoria, los jefes podían cometer graves errores. Así, en esta misma campaña, el príncipe Augusto Guillermo de Prusia hizo una maniobra errónea porque creyó que unos rebaños de ovejas eran baterías enemigas, y quemó luego toda su impedimenta y tren, porque tomó por cañones austríacos unos troncos de árboles caídos. Como en *Macbeth,* no era raro entonces confundir árboles con soldados, o al revés.

La población de Prusia experimentó, en conjunto, un descenso gravísimo durante estos años. No debe creerse que la adhesión que, sin duda, profesaba su pueblo al gran rey privara a los varones prusianos de desertar de sus llamamientos en enorme cantidad. Al tiempo que Federico iba dando batallas famosas, en sus regimientos había fugas multitudinarias: del más renombrado desertaron durante la guerra de los Siete Años tres oficiales, 93 suboficiales, 32 músicos y 1 525 soldados, además de 130 hombres que se suicidaron y 29 que fueron ejecutados. En la batalla de Praga, de 1757, uno de los ayudantes del rey estuvo escondido detrás de un cerro durante toda la acción. Lo propio ocurría en los demás ejércitos: en cada batalla se registraban escenas de inhibición y abandono por parte de grandes masas, por no decir que más de una vez, como en Torgau, prusianos y austríacos se juntaron alegremente en un bosque para esperar, con botellas en las manos, que acabase el tiroteo.

El rey de Italia, en la «orrenda pira» de Custozza

El músico Verdi debió buena parte de su popularidad y éxito al acierto con que supo conectarse con el movimiento patriótico italiano que aspiraba a completar la independencia de todo el país bajo la corona de Víctor Manuel de Saboya. Tuvo el músico la suerte de que las iniciales del grito nacionalista *Vittorio Emmanuele, re d'Italia* componían su apellido, Verdi, de modo que pintarlas en la pared o repartirlas en octavillas equivalía a propaganda de la patria y de la taquilla a la vez. Verdi no escaseó en óperas glorificadoras de las epopeyas italianas del pasado, pero no escribió ninguna sobre las guerras independentistas de su propio momento, porque en éstas hubo más de cuatro episodios funestos para la causa italiana.

El nombre de Custozza lo fue por partida doble, porque en tal localidad, próxima al lago de Garda, las armas saboyanas fueron derrotadas por dos veces, la una en 1848 por el célebre mariscal austríaco Radetzky –aquel en cuyo honor se escribió la popular marcha, resumen de las glorias épicas de los Habsburgo–, y la otra en 1866, por el archiduque Alberto. Tampoco hay que dar crédito a una historiografía patética italiana que menciona aquel nombre como la *«orrenda pira»,* que cantan en *Il trovatore:* tales lances, sobre todo la segunda batalla de Custozza, dada en 1866 por el rey Víctor Manuel II, tuvieron sus ribetes cómicos.

Como todas las cosas humorísticas, el basamento era serio, porque el ejército italiano estaba compuesto por 175 000 hombres y se disponía a conquistar el Véneto, dificultosamente defendido por 75 000 austríacos mandados por el citado archiduque. Las fuerzas italianas venían divididas en dos agrupaciones, una de cien mil hombres, mandada por el general Lamarmora, y el resto lo estaba por su colega Cialdini. El punto más crítico en aquel panorama era, como dice Humpty-Dumpty, en *Alicia en tierra de maravillas,* el de «¿Quién manda aquí?». Por supuesto, ninguno de los dos generales estaba dispuesto a reconocer superior grado en el otro, y no se había establecido tampoco que el rey ejerciese mando efectivo sobre ninguno. Además, no había telégrafo entre los dos grupos, de modo que durante largos espacios de tiempo carecían de la menor noticia respectiva.

El archiduque Alberto no tenía estos problemas, aunque sí el de la inferioridad numérica. En cuanto se dio cuenta de que los italianos iban hacia él como en una romería, lanzó un ataque por sorpresa en Custozza. Doce divisiones italianas de Lamarmora fueron desbaratadas, y la conducta del general no ayudó nada a evitarlo, pues es fama que, atribulado, empezó a galopar de un lado para otro, dando órdenes incoherentes. Ha pasado a la historia que uno de los trayectos que hizo en esos zigzags de contradicciones fue de treinta kilómetros, mientras sus soldados se batían cada uno por su cuenta.

En medio de este maremágnum, el rey Víctor Manuel quiso poner orden y remedio, a base de seguir su propia inspiración, frecuentemente contrapuesta a la de Lamarmora. Por fortuna, según algunas malas lenguas, tan pronto hubo desahogado los nervios, dejó el campo de batalla y se fue muy atrás, para ver las cosas con más serenidad. Si hubiera logrado tranquilizarse, habría advertido que, a pesar de todo, la batalla no estaba tan mal como parecía. Al final, tuvo solamente 3 500 bajas, con 725 muertos; en total, menos que los austríacos. Sin embargo, la agitación y el bullicio en cuyo seno estaban el rey y Lamarmora les indujeron a retirarse precipitadamente.

Peor aún: el general Cialdini, que andaba aparte con sus propias tropas, sin participar de tales desórdenes, empezó a recibir del rey noticias horripilantes: según éste, el ejército había sufrido pérdidas catastróficas y cabía temer que la propia capital del reino, Turín, que pilla algo lejos, cayera en poder del enemigo. Cialdini resolvió, pues, retirarse con presteza aun cuando no había oído un tiro.

Años más tarde, con el recato propio del caso,

achacaba la culpa del desastre al rey, de quien decía que «se caracteriza por no entender absolutamente nada de lo que está ocurriendo, por ser totalmente ignorante e incompetente». A pesar de que muchos profesaban este mismo concepto de su augusta persona, Víctor Manuel II estaba convencido de sus brillantes dotes tácticas y de que sus generales no habían entendido su pensamiento. En lo único que acaso llevaba razón a propósito de Lamarmora y Cialdini es que, en realidad, hay varias maneras de retirarse del campo de batalla y ellos escogieron la más veloz y desairada.

Las peligrosas maniobras de un duque de Edimburgo

Uno de los capítulos de las memorias de juventud del Kaiser Guillermo II, (*My early life,* Londres, 1926, que volveremos a citar), se titula «Recuerdos navales» y comienza con la frase muy cierta: «Ya ha quedado bastante claro que yo tenía pasión peculiar por la Armada. Provenía en no escasa medida de mi sangre inglesa, por el lado materno.» Sabido es que el emperador alemán era nieto de la reina Victoria. Sus visitas a Inglaterra fueron frecuentes y cada vez más abigarradas, y las de sus parientes ingleses a Alemania no quedaron atrás ni en cantidad ni en calidad pintoresca.

Una de éstas, la del duque de Edimburgo, tío del Kaiser, se efectuó en julio de 1881, y consistió en la visita de un escuadrón de la Armada británica a Kiel bajo el mando de aquel regio personaje, que era almirante. El futuro Guillermo II fue encargado por su abuelo el emperador de representarle en el recibimiento de los marinos británicos. Cuando éstos empezaron a desembarcar, lo primero que hicieron fue emborracharse concienzudamente, de modo que el propio príncipe Guillermo estuvo en serio peligro de ser echado al agua, y sólo le salvó el estar acompañado por su tío y los entorchados de almirante de éste, según escribe el propio Kaiser.

No fue esto lo peor. Al cabo de cinco o seis días, pasados alegremente, la Navy se dispuso a zarpar. Iba de invitado en ella, dicho sea de paso, el célebre músico sir Arthur Sullivan, tan popular por sus operetas (alguna de ellas de asunto naval), escritas sobre letra de sir William Gilbert. Lo que iba a presenciar en seguida tenía cierto aire de opereta, pero contenía el germen de una tragedia, una de las mayores de la historia náutica británica en tiempo de paz.

Sigue contando el propio Kaiser que los navíos británicos, al partir, pasaron por delante de los alemanes, donde estaba éste despidiéndolos. Eran ocho navíos formados en dos hileras de a cuatro y el duque les ordenó efectuar la maniobra que en la flota de su majestad se llamaba *the gridiron,* es decir, la parrilla, la cual consistía en que los navíos viraran de bordo, se cruzaran y formaran de nuevo dos columnas marchando en sentido contrario. Este ejercicio se ve más a menudo en los picaderos de caballería, como el de Viena o el de Jerez, y con los caballos no tiene otro inconveniente que el trabajo que cuesta enseñárselo, pero con barcos fue resultando cada vez más peligroso, a medida que éstos iban siendo mayores y necesitaban más espacio para virar.

Al duque de Edimburgo en cuestión le salió bien por los pelos la vistosa operación, pero unos años después, en 1893, el almirante sir George Tryon, comandante de la flota británica en el Mediterráneo, quiso ordenar la célebre «parrilla» con acorazados, cuando mandaba unas maniobras con ellos delante de Trípoli, el 22 de junio. Todos cuantos le oyeron ordenar que las dos filas de acorazados que navegaban paralelas invirtieran su rumbo, se echaron las manos a la cabeza. El historiador Toynbee comenta este suceso como ejemplo insigne de los desatinos a que puede llevar la disciplina absoluta. Ya hemos contado en *El reverso de la Historia,* que el navío en que iba el almirante, el acorazado *Victoria,* chocó de inmediato con el *Camperdown,* y aquél se hundió con sus 350 tripulantes y Tryon a la cabeza.

La historia, que ya es bastante sustanciosa en sí misma, lleva el apéndice de que en aquel mismo día y hora la esposa del almirante estaba dando una recepción en su casa de Londres y los invitados vieron a Tryon pasearse por los salones con el mejor aspecto y se alegraron mucho de que pudiera asistir. El caso se reseña en diversos libros de parapsicología y otras ciencias de variada reconditez.

Travesuras y chapuzas náuticas del Kaiser Guillermo

Aunque semejante familiaridad respecto de las cosas del mar fue cierta en Guillermo II, no condujo siempre a situaciones presentables. Y no nos referimos, por cierto, a su política de crear una gran Armada, a la cual suele reprochársele haber generado, entre otros antecedentes, la primera guerra mundial. Volamos a menor altura, y sólo deseamos resumir unas pequeñas tropelías en que se mezcló el emperador.

Una de las que cometía con más frecuencia consistía en empeñarse en ganar las regatas anuales de Kiel a costa de las trampas que hiciera falta. De este modo, mandaba que su velero fuera escoltado por diversos grandes navíos de guerra que navegaban cerca de él y privaban lógicamente a los otros veleros de efectuar las maniobras que les permitieran ganar a la embarcación imperial.

Como es lógico, en aquella época de calderas de carbón la acumulación de varios buques de guerra de alto bordo creaba unas humaredas tremendas, y así, en la ribera de Kiel, las gentes se decían:

– ¿Qué son aquellas grandes humaredas de allá al fondo?

– Es el velero de su majestad, en plena regata.

En el año 1884, siendo todavía príncipe, el Kaiser tomó parte en unas maniobras de la escuadra alemana en el Báltico. De tales ejercicios formaba parte destacada una actuación de los torpederos, a la cual, por su novedad técnica, se calificó de secreta en grado sumo. La había de dirigir el famoso Tirpitz, que luego sería almirante ilustre y entonces era capitán de navío. Dentro de la atmósfera de secretismo en que se vivía, causó gran excitación que llegara un telegrama de la policía. Decía que una potencia extranjera había organizado que, desde Danzig, un agente suyo observase las operaciones de la escuadra alemana. El espía llevaba un sombrero de copa gris.

Cuenta este episodio el ya citado libro de memorias juveniles de Guillermo II, el cual tiene la nobleza de referirlo sin recato. Comenzó el ejercicio y entre el humo de los cañonazos y una cortina ocultadora que lanzaron los torpederos, el aire se oscureció y la gente perdió el mundo de vista. Al cabo de un rato, el viento despejó los humos y en medio del mar apareció un bote de remos donde iba sentado un caballero que lucía un sombrero de copa gris. «¡Allí está el fulano ese!», gritó Tirpitz.

Se dio la orden en seguida a varios buques menores y veloces de que capturaran al espía. Desde los puestos de mando los jefes vieron que en el bote se generaba cierta discusión entre el caballero y los oficiales que le habían abordado, y que éstos volvían de vacío, dejando al caballero tranquilo. Cuando Tirpitz, nervioso, los interpeló, un oficial le entregó un cartoncito. Tirpitz lo miró. El caballero del sombrero gris era su propio padre y la tarjeta era el pase que él le había dado para que presenciara las maniobras. Mientras tanto el buque del príncipe Guillermo había sido «hundido» varias veces por los torpederos «enemigos», puesto que él, Tirpitz y sus mejores jefes habían estado distraídos con la bobada del señor espía.

Páginas infelices de la crónica de los Mountbatten

El príncipe Luis de Battenberg era tío de nuestra anterior reina Victoria Eugenia. Nacido en 1854, había querido conectarse con el mundo británico para salir de la gris pobreza en que estaban sumidos cientos y cientos de príncipes y nobles alemanes. Para tal fin se nacionalizó inglés y se casó con la princesa Victoria, nieta de la gloriosa reina del mismo nombre; en parecidos años, su hermano Enrique de Battenberg se casaba con una hija de esta reina Victoria, la princesa Beatriz, y de su matrimonio nacería nuestra reina Victoria Eugenia.

Del de Luis de Battenberg provendrían el famoso lord Luis Mountbatten de Birmania y su hermana Alicia, madre del duque de Edimburgo. Lord Mountbatten, dicho sea de paso, fue célebre por su extraordinaria potencia como gafe y su misma muerte trágica, en 1979, por atentado del IRA, lo muestra. El rey Jorge VI, cuando se enteró de que su primo Mountbatten iba a mandar tal portaaviones, en su día, exclamó con un suspiro: «¡Esto será el fin del *Illustrious*!» Las líneas que siguen podrían dar fundamento a creer que la condición de gafe no fue individual en lord Mountbatten, sino que le venía de familia, porque los hechos de su señor padre son de tomo y lomo, según en seguida se verá.

El príncipe Luis de Battenberg entró en la Armada británica e hizo en ella la brillante carrera coherente con su condición de nieto político de la reina: en 1904, a los cincuenta años, era contralmirante y cuatro después se le nombraba comandante de la flota del Atlántico. Cuando estalló la guerra mundial, era primer lord del Mar, cargo que equivale a la jefatura efectiva de la Armada de Su Majestad. No tardaría en encontrarse en el meollo de lo que fue calificado como «un deplorable incidente», con la suave modestia con que las clases altas inglesas se juzgan a sí mismas. El «incidente» consistió en que un submarino alemán pudiera hundir en menos de una hora tres cruceros británicos y un cuarto crucero, dos semanas más tarde, en el mismo paraje.

Semejante patochada de los mandos de la Royal Navy puso en duda la eficacia de sus métodos y, de paso, comenzó a plantear lo inadecuado que era que estuviese mandada por un príncipe de nacimiento alemán, en plena guerra contra los antiguos compatriotas de éste. Volveremos sobre este punto. Sin llegar por entonces a tales consecuencias, empezó a actuar una comisión de investigación, la cual no tardó en reunir tan desoladoras impresiones sobre la dirección de la Armada y sobre el príncipe Luis de Battenberg en especial, que decidió ocultarlas al público para no sembrar el pánico.

Resultó que, como decíamos, el 22 de setiembre de 1914 el submarino alemán *U-9,* mandado por el comandante Otto Weddingen, comenzó la mañana torpedeando uno tras otro, como en un tiro de feria, a tres cruceros británicos, el *Hogue,* el *Cressy* y el *Aboukir,* con los cuales se fueron al fondo del mar 62 oficiales y 1 397 hombres, la mayoría viejos reservistas o grumetes de quince años. A toro pasado, vino entonces a evaluarse que aquellos tres cruceros, de la clase *Bacchante,* eran anticuados, grandotes, pesados, mal artillados y que navegaban a media máquina, para ahorrar carbón, desde hacía seis semanas. Patrullaban innecesaria y torpemente por el mar del Norte, delante de la costa holandesa, en una zona plagada de submarinos alemanes.

Estos tres buques y los demás de su misma clase se hallaban bajo el mando del contralmirante Henry Campbell, del cual se ha escrito (por ejemplo, por Geoffrey Regan) que ni él ni nadie tenía idea del cometido que estaban desarrollando tales cruceros, ni de las arriesgadas circunstancias de aquel lugar. El dato más brillante del historial del almirante Campbell consistía en que era amigo del rey Jorge V. Con él había estado cenando en el palacio de Buckingham la noche anterior a la mañana en que fueron hundidos sus cruceros. Las malas lenguas añadían que donde tenía que haber estado el almirante Campbell aquella noche era en su puesto de mando y más en plena guerra. Más tarde, el bravo hombre de mar dijo que tenía el barco en reparación y que su superior, el almirante Arthur Christian, ya corría a cargo de las cosas, desde su puesto de jefe de la Southern Force.

En realidad, venía a resultar que en tales horas faltaban del lugar de la tragedia una serie de protagonistas necesarios en él: la escolta de destructores que protegía a los minusválidos cruceros se había marchado cinco días antes por causa de un temporal y los había dejado a su suerte; por otro lado, el almirante Christian había determinado de súbito que su propio navío se volviera con él mismo a la base para carbonear y reparar una antena. La comisión aclaró luego que llevaba carbón sobrado.

Mientras en la mar ocurrían cosas tan chocantes, en Londres se desenvolvían acontecimientos no menos sorprendentes. Estaba de primer lord del Almirantazgo (cargo político equivalente a ministro de Marina) Winston Churchill, el cual se reunió, el 17 de setiembre de 1914, con altos jefes navales y convino con ellos en que la actuación de los malhadados cruceros en aquella área era inútil y peligrosa. En vista de ello, Churchill ordenó al príncipe Luis de Battenberg, primer lord del mar, que retirase los cruceros. Churchill era mirado por los marinos como un paisano entrometido en cosas que no entendía, en lo cual a veces tenían razón; pero no en este punto.

No se ha sabido si Battenberg no le hizo caso desde el primer momento o se dejó convencer por otros en las horas siguientes, pero lo cierto es que, en contra de las instrucciones recibidas, ordenó a los cruceros que continuaran allí. El único inconveniente es que, según sabemos, ninguno de los dos almirantes competentes que habían de estar en su puesto para recibir la orden, se hallaba en él. No se aclaró si Battenberg reaccionó de alguna manera al conocer que sus dos subordinados inmediatos estaban en tierra a sus anchas. Por su lado, cuando llegó la hora de la investigación, Churchill afirmó que la orden de que los cruceros siguieran en sus funestas tareas había circulado a sus espaldas.

El 22 de setiembre, antevíspera de la Virgen de la Merced, el submarino *U-9* disparó, a las 6.20 de la mañana, un primer torpedo contra el *Aboukir,* en el cual había cuatro vigías, dos por banda, vigilando semejante peligro. No lo vieron llegar –acaso por la poca luz de la hora– y el torpedo destripó al crucero; éste escoró en seguida veinte grados. En él se encontraba el comandante Drummond, jefe de la agrupación por la ausencia de los dos almirante citados; estaba durmiendo. No había en el crucero prevención alguna de combate. Drummond creyó que había chocado contra una mina y ordenó asombrosamente a los otros cruceros que se le acercasen para ayudar al salvamento de la tripulación. Cuando ésta quiso hacer uso de los botes, vino a descubrirse que la mayor parte de ellos habían sido dejados en tierra para tener la cubierta desembarazada, y que la grúa que había de izarlos no funcionaba.

Mientras tanto, el *Hogue,* se acercaba, con harto dolor, al buque herido de muerte, y su comandante ordenaba parar las máquinas. El del submarino, Weddingen, apenas podía dar crédito a sus ojos: tenía ante sus narices un navío estacionado, como un blanco para ejercicios de tiro. Los dos torpedos que le disparó estallaron en sus entrañas y en cosa de minutos, el crucero desapareció de la vista siguiendo al *Aboukir,* del cual sólo quedaban flotando cuatro maderas y unos grupos de náufragos. El *Cressy* mostró más valor y discernimiento porque, para entonces, estaba ya claro que había un submarino enemigo en acción.

Esta evidencia fue entendida con tanta viveza que el crucero empezó a disparar contra lo que parecía ser un periscopio, ocupación en la cual perdió tiempo y pólvora: el objetivo resultó ser un mercante holandés, el cual, por suerte, no sufrió daños. El comandante del *Cressy,* mientras tanto, se impresionó al ver tantos náufragos en su derredor y mandó parar el barco. El submarino no se mostró esquivo a esas facilidades y le disparó dos torpedos, que estallaron en las calderas del *Cressy* y lo mandaron a pique en poco rato. Los náufragos que resistieron durante unas horas fueron salvados por mercantes holandeses e ingleses que acudieron espontáneamente al lugar. Los destructores británicos quisieron volver a él, pero ni conocían lo ocurrido ni se dieron prisa alguna en llegar.

Como era de suponer, las investigaciones y la búsqueda de responsabilidades dejaron tranquilos a Battenberg, a los dos almirantes, a Churchill y a quienquiera que tuviera un poco de influencia. En cambio, la persecución se cebó en los tres comandantes de los cruceros: les buscaron las cosquillas, repasando con lupa cada una de sus accidentadas decisiones. Como para ayudarlos a quedar en buen lugar, dos semanas más tarde, el *U-9,* mandado por el mismo Weddingen, hundió a otro crucero inglés, el *Hawke,* en forma muy parecida.

En 1917, el rey Jorge V de Inglaterra otorgó a Luis de Battenberg el título de marqués de Milford Haven, en correspondencia a la renuncia de éste a su apellido y título alemanes. Battenberg y los suyos determinaron llamarse Mountbatten. En parecidas fechas, el soberano inglés resolvió adoptar para su casa el apellido de Windsor, cancelando el de Sajonia-Coburgo-Gotha correspondiente al príncipe Alberto, esposo de la reina Victoria. El kaiser Guillermo se rió mucho al saberlo y comentó: «Esta noche iré al teatro a ver una obra de Shakespeare: *Las alegres comadres de Sajonia-Coburgo-Gotha.*»

En la misma Inglaterra no faltaron quienes opinaron que los dos cambios de apellido eran ridículos.

El gran duque Pablo y su desdichada campaña

Las vicisitudes del frente ruso durante la primera guerra mundial han dejado fama de desafortunadas. Como en tantas otras páginas de aquella historia, constan las cualidades y padecimientos del pueblo y la ineptitud desvergonzada de sus dirigentes. Uno de los episodios más clamorosos en que contrastan ambas esferas fue la acción de Kovel, librada en julio de 1916, dentro de la ofensiva del general Brusilov contra los alemanes.

Aquel hecho de armas fue concebido como ocasión de lucimiento para el gran duque Pablo, primo del emperador, y el general Alexandr Bezobrazov, figura estelar en un conjunto de cortesanos de la intimidad del zar que no tenían de militares más que las galas y habían hecho toda la carrera en las fiestas de palacio. Esos figurones mandarían unidades de la guardia imperial teóricamente selecta y dinámica. Una de ellas era el regimiento de Preobrazhenski, que había sido fundado por Pedro el Grande, sobre el núcleo de sus compañeros de juegos infantiles, y que era tenido por la flor y nata del ejército ruso.

En primer término, el lugar escogido para lanzar una ofensiva por sorpresa era el más inapropiado del mundo, puesto que consistía en unos pantanos confusos. Los cruzaban tres caminos, enfilados cada uno por las ametralladoras alemanas. Había además unas alambradas que los rusos no conocían y que hubieron de cortar de mala manera. El asalto se dio sin apoyo alguno y, en suma, en él los atacantes perdieron 30 000 hombres.

En vista de semejante calamidad, se ordenó al gran duque Pablo que hiciera, con su cuerpo de ejército, un ataque de flanco para aliviar aquel apuro, y contestó que su dignidad no le permitía hacer ataques laterales, sino que había de emprenderlo de frente y con la cabeza muy alta. Así lo hicieron el regimiento de Preobrazhenski y otro con banderas desplegadas. El fuego alemán sobre los caminos existentes era tan horroroso que algunas unidades prefirieron meterse en los pantanos y sus traidores hierbajos.

La lentitud de su avance permitió que la artillería y la aviación alemanas tuvieran tiempo de cebarse en ellos; para colmo de males, la misma artillería rusa, que suponía que sus tropas estaban en los caminos conocidos, hizo fuego sobre los pantanos y causó tremendas bajas entre los soldados que seguían avanzando. Esta confusión hace evocar la historia del *Teniente Kijé,* musicada por Prokófiev, precisamente para denostar la fantasmal vaguedad del ejército zarista.

Los heridos fueron evacuados a un hospital montado en las cercanías, donde poco después cayó una granada; el edificio se fue por los aires. A pesar de todo, la infantería rusa logró al fin llegar a las líneas alemanas y ocupar las trincheras. En tal momento, su caballería se negó a apoyar su éxito, y los rusos hubieron de volverse por donde habían venido. En total, estas operaciones costaron al ejército del zar 55 000 bajas. Fue forzoso dar oídos a los clamores de protesta y el gran duque Pablo y Bezobrazov fueron destituidos. Poco tiempo después se los repuso en el mando y en el favor de la corte.

II. HILVÁN DE INJUSTICIAS

Meditación rápida sobre las pasiones propias y las causas ajenas

Cuando está a punto de asumir la autoridad de gobernador, Sancho Panza recibe de don Quijote el consejo de que «no te ciegue la pasión propia en la causa ajena; que los yerros que en ella hicieres las más veces serán sin remedio, y si le tuvieren, será a costa de tu crédito y aun de tu hacienda» (2,42). Hacia el monarca mira, dentro de la Biblia, el Eclesiastés cuando aconseja: «No hagas mal y el mal no te dominará. / Sepárate del injusto, y él se alejará de ti. / No siembres, hijo, en surcos de injusticia, / no sea que coseches siete veces más...» (7, 1-3).

Es interesante observar que quienquiera que quebrante la justicia lo hace para quitarle algo a alguien. Recogiendo el tradicional sentir romano, había proclamado san Agustín que «la justicia es la virtud que da a cada cual lo suyo». Mirando la cosa al revés, se nos presentarán ejemplos en seguida de la coalición que forman casi automáticamente la injusticia, la codicia y la avaricia, de modo que apenas se podrá perpetrar una de ellas sin poner en acción a las otras dos.

Véase como ejemplo clásico la desdicha del condestable de Castilla don Ruy López de Ávalos, de quien escribe Fernán Pérez de Guzmán, en *Ge-*

neraciones y semblanzas (1450), que, aunque fuese un dechado de virtud y corrección, se le acusó de tener tratos secretos con el rey de Granada en daño de Juan II de Castilla. El condestable hubo de huir a Aragón y le confiscaron los bienes, que, como veremos en seguida, era lo que se buscaba. «Lo cual fue malicia y falsedad –dice nuestro autor– porque un secretario suyo, que hizo las cartas falsas por consejo de algunos, fue luego muerto por la justicia y confesó públicamente ser falsedad y manifestó quién había hecho los sellos falsos en Toledo.» Dice a continuación, poniendo el dedo en la llaga: «Pero el inocente no fue restituido, de lo cual parece que se procedió contra él más por codicia de sus bienes que por celo de hacer justicia, gracias a la avaricia que ha entrado en Castilla y la domina, expulsando de ella a la vergüenza y la conciencia, ya que hoy no tiene enemigos el que es malo, sino el que es muy rico. Aquí podemos decir: "¿Quién te mató, señor?" Y respondió: "Lo mío."»

Ya viene, pues, de antiguo, que la «envidia igualitaria» esté aliada a la avidez de quitarle la cartera al vecino. Esta fea actividad ha sido propia de los estados, las instituciones y, en suma, los monarcas y gobernantes en el curso de la historia, con una insistencia que desafía la reseña.

Mezclando tiempos y países, podremos ver que todavía más voraz que Juan II de Castilla había sido Otto el Perezoso, el cual se vendió Berlín y el territorio de Brandeburgo por 200 000 florines de oro. ¿Cómo ocurrió tal cosa? El hecho no sólo hizo época en la historia universal de la frescura y el desfalco, sino que cambió el rumbo de la Europa central y, con él, la evolución general de nuestro continente. El personaje en cuestión había sido nombrado, en 1365, margrave –o «señor de la frontera», equivalente a nuestro título de marqués– de aquellas tierras por cuenta de Baviera, la cual se extendía desde los Alpes hasta el Báltico.

Sin duda, ni Baviera ni el señor de Berlín y alrededores tenían la menor idea de la importancia que adquiriría esta posesión con el paso de los siglos, ni presumían tampoco la bipolaridad que en los destinos de la futura Alemania ejercerían Baviera y una Prusia que estaba todavía por configurarse. Quien sí tenía algún barrunto de la grandeza que ganarían tales dominios era el emperador germánico Carlos IV de Luxemburgo (1347-1378), el cual se propuso poner las manos en ello. Para lograr tal fin tuvo la perfidia de casar a su hija con el señor de Berlín, el indolente Otto en cuestión. Una vez matrimoniado, el marido fue fácilmente convencido por su esposa de que vendiera sus territorios a su suegro. Así lo hizo el Perezoso en 1373, por la cantidad antedicha y algunas gangas. Pocos años más tarde, la maligna esposa le dejó plantado y se volvió a casa de su padre. El marido abandonado contrató a la hija de un molinero para que cuidara de él y de su castillo, y vivió unos pocos años en calma y silencio, hasta 1379 en que descansó –¿de qué?– en el Señor.

Para no apartarnos de Berlín ni de la caterva de soberanos avariciosos, recordaremos la figura, muy posterior, de Federico de Prusia, el Grande, el cual dio motivos a que en Berlín se repitiera, a propósito de cualquiera que estuviera arruinado: «Ha debido de tropezar con el rey.» En la Biblioteca de Cataluña se conservan los numerosísimos tomos de su correspondencia, que fueron editados en Berlín a principio de este siglo, donde constan mil testimonios de su espíritu ahorrativo en las apostillas que ponía a los escritos que estudiaba. Al margen de una súplica de socorro para el niño de una chica soltera engañada, pone una cantidad mezquina y comenta: «Ya es bastante para un hijo de puta.»

Con la misma frialdad, el rey Federico concedía monopolios comerciales a quien se los pagaba;

y cobraba a quien quería las gabelas que se le ocurrían. Había montado una fábrica real de porcelana, como las coetáneas de Meissen y Capodimonte, y forzaba la venta de sus productos con mañas tales como obligar a los judíos que se casaban a que comprasen objetos por valor de cincuenta táleros, como mínimo, y más, si eran de mejor posición. Por el contrario, debe purificarse al rey Federico de la mala fama que le atribuye la leyenda popular acerca de un molinero que era vecino al parque real de Sanssouci: cuéntase que el soberano quiso despojar al molinero de su propiedad y que éste le rechazó diciendo algo así como «Mientras haya jueces en Berlín...». La realidad es la contraria, al parecer: fue el molinero vecino del rey quien le estuvo fastidiando, sacando dinero, mareando, entreteniendo durante decenios y Federico se comportó, siquiera por una vez, con gran pulcritud.

La vigilancia rigurosa de los gastos es propia de monarquías ricas, aunque tal cosa parezca paradójica. En los países y los palacios pobres reina, no menos asombrosamente, la práctica de la prodigalidad, o, por lo menos, de una generosidad desbaratada. En prueba de lo primero, ha pasado a la historia la reina Adelaida de Inglaterra (1792-1849), esposa de Guillermo IV y antecesora de Victoria, la cual era de una largueza admirable en socorrer a los necesitados, pero de una avaricia extremada en vigilar que en sus alcobas y salones no se extraviara un solo alfiler. No decimos esto último metafóricamente, porque era a propósito de los alfileres donde el control de la reina llegaba a lo más refinado: todos los que estaban en los acericos habían de retornar a ellos una vez usados, ser colocados en su sitio exacto y con la misma inclinación, y, si faltaba alguno, toda la corte se ponía a gatas a buscarlo por las alfombras hasta que aparecía.

El mismo celo por la posesión inspiró, algunos años más tarde, a la reina Mary (1867-1953), esposa de Jorge V, el volverse tan ardorosa coleccionista de objetos de arte o curiosidad, que no vacilaba en ejercitar la más apremiante de las coacciones para que le regalaran lo que a ella le apetecía, a base de elogiarlo con pegajosa insistencia. A veces, cuando la señora de la casa resistía este agobio, recibía unos días después una carta donde la reina le ofrecía comprar aquel objeto, y apenas se sabe de nadie que saliera ileso de este segundo asalto.

Sin alejarnos de la época ni del ambiente, contemplaremos en un hijo de la reina Victoria, el duque Alfredo de Edimburgo (1844-1900), una viva inquietud por la ganancia: fue acaso el primero de los personajes públicos de la edad actual que cobró por introducir en sociedad a gentes que se perecían por conocer al príncipe tal o cual. La tarifa estaba ya establecida: había que pagar cinco libras por ser presentado al príncipe de Gales, hermano de aquel personaje, y cincuenta, por almorzar con él, y los demás encuentros iban a proporción. El duque Alfredo tenía 25 000 libras anuales de asignación, pero no renunciaba a completarlas con esos pequeños extras. No consta si iba a la parte con los príncipes.

Uno de los monarcas que ha destacado en la historia universal por su avidez de gangas y provechos antirreglamentarios fue el rey Faruk de Egipto (1937-1952). Le vi muchas noches en su exilio de Roma, en el famoso bar Víctor, a la espalda de la Vía Véneto, donde solía instalarse presidiendo una gran mesa circular, bastante aburrida y melancólica, donde él, obeso y torpe, con sus gafas negras redondas, permanecía como en un sopor, sumido en evocaciones. Una vez, un conjunto musical que actuaba en el local interpretó una cancioncilla que se titulaba *Quel vecchio palco nella Scala...* y el hombre susurró, con la mirada en el vacío: «*¡Ah, il palco nella Scala!...*» Una señorita ligera de cascos se atrevió a acercarse a la mesa y esbozar una reverencia inadecuada, y fue rápidamente enviada por Faruk a freír espárragos.

Este personaje, al que he de reconocer que vi en Roma siempre correcto, no lo había sido ni poco ni mucho cuando era rey en Egipto. Tenía variados vicios y aficiones, y ninguno gracioso, ni siquiera tolerable: su codicia por cualquier cosa ajena le impulsó a aprender tretas de carterista y practicarlas en las reuniones de la corte, de modo que un día se le ocurrió robarle a Churchill su reloj de bolsillo, el cual hubo de devolverle, atendidas las protestas de persona tan poco paciente; le encantaban las bebidas gaseosas y las tomaba al por mayor, en términos tales que cabe preguntarse si el volumen que no tardó en adquirir no era gas puro y simple; le apasionaba la pornografía y todo cuanto tuviera que ver con el sexo, entendido de la forma más grasienta y rústica; pasaba largas noches en los casinos de juego, donde podía llegar a perder cientos de millones de pesetas en una sola sesión; odiaba a los leones y un día se fue al «zoo» del Cairo y mató él mismo a tiros a los que allí había.

Apenas hará falta añadir que le encantaban los coches –tenía más de cien en sus días de gloria–, la velocidad y también cualquier forma de coacción humillante para el prójimo: Faruk por la calle era un peligro grave para quienquiera que topase con él. Se hacía regalar cajas de bombones que había que comprar en la confitería de Ahmed Naguib, compinchada con el rey, la cual vendía los bombones en cajas de joyería; luego Faruk las devolvía y cobraba. No es necesario detallar las tropelías que cometía con la hacienda pública, los excesos a que dieron ocasión sus bodas y luego sus jóvenes y pechugonas protegidas; y su furor por reunir toda suerte de cosas valiosas. El personal de Sotheby's estuvo, después de ser depuesto el monarca, tres meses poniendo un orden mínimo en sus acumulaciones, que no colecciones, de relojes, vajillas, libros, plumas de oro, monedas, medallas, sellos, obras de arte de oro y plata, y tantas más rarezas que apenas conocía, no digamos saboreaba. Sirva a Faruk de relativo atenuante el que alguna parte de este botín había sido ya rapiñado y amontonado por su padre, el rey Fuad I (1868-1936).

Pasó en su día por hombre más rico del mundo el nizam de Hayderabad, en la India (1884-1967), que dejó fama de tosco, sucio, mezquino y procaz. Tenía un harén con doscientas mujeres, en su momento culminante, y se divertía en mirar por un agujerito en las alcobas de sus invitados y sacarles fotos indiscretas. Era generoso con lo que le convenía –por ejemplo, el tesoro inglés o las suscripciones que sonaban bien en Londres– pero, cuando daba una cena, ofrecía a los invitados sólo un cigarrillo al final, y luego recogía y utilizaba las colillas. (Los duques de Windsor aprovechaban los restos de las pastillas de jabón que quedaban en los cuartos de los invitados.) Cuando llegó la independencia a la India, el nizam se tuvo que contentar con una pensión de consolación que ascendía a lo que serían 80 millones de pesetas de 1994 anuales.

La primera deducción que se le ocurre a uno después de espigar episodios de semejante jaez es que hemos sido muy afortunados al no haber sido súbditos de ninguno de los personajes que hemos repasado. En todos los tiempos y países se han dado ráfagas de prepotencia de gentes injustas y codiciosas. No nos hará ningún daño contemplar los hechos de algunas de ellas en la época germinal de la España moderna. En la escuela se nos enseñó a mirar el surgimiento de la misma como un regalo de la providencia y una apoteosis de todos los aciertos y virtudes. Vamos a repasar si esta versión fue veraz.

Castilla, de un Juan a otro Juan, con una Juana en medio

Enrique III el Doliente (1390-1406), uno de los soberanos más capaces y activos que ha tenido Castilla, murió a los veintisiete años de edad, dejando por heredero a un niño de dos años, que reinaría con el nombre de Juan II. Su época comprende prácticamente la primera mitad del siglo XV –murió en 1454–, de la misma manera que la segunda mitad corresponde a sus hijos Enrique IV el Impotente (1454-1474) e Isabel la Católica (1474-1504).

No podremos entender los aconteceres posteriores de la monarquía si no admitimos que el siglo XV fue morboso y descaminado para Castilla y que ésta contagió de sus dolencias al conjunto de España. Tanto el reino de Navarra como la corona de Aragón tenían entonces una estructura sociopolítica mucho más refinada y estable que la de Castilla. Los remedios que se arbitraron desde Isabel la Católica en adelante para curar los males de la monarquía eran más o menos adecuados para Castilla pero no tanto para el resto de los territorios.

Volvamos atrás para comenzar el esbozo de la sarta de desgracias que nos ocupará, repasando los años que van desde Juan II hasta la muerte del príncipe Juan, hijo y heredero de los Reyes Católicos.

La asociación de ideas que suscita más pronto el nombre de Juan II es el de don Álvaro de Luna. «Con maneras exquisitas se había procurado gran familiaridad del rey», escribía enfadado el tío y tutor de éste, don Fernando, llamado de Antequera, rey de Aragón. ¿Participaría éste acaso de las sospechas malévolas que suscitó entonces la intimidad del rey y Álvaro de Luna? El favorito se ganó el odio de una nobleza rapaz, acostumbrada a medrar en grupo y reacia a la hegemonía de una sola voluntad.

Contra don Álvaro se alzó también el reproche de ser hijo natural, fruto de las travesuras de un caballero del mismo nombre, con la mujer del alcaide del castillo de Cañete. Los Luna eran de notoria nobleza en Aragón y de acreditados servicios a don Enrique el de las Mercedes y sus sucesores. De su casa había procedido también el papa Benedicto XIII. Con este activo y pasivo había comparecido el joven Álvaro en la corte sin otra mira que apoderarse de la voluntad del rey niño, cosa que ocurrió de modo total y rápido. Supo maniobrar muy bien don Álvaro entre dos grupos, rivales hasta el paroxismo, como eran la gran nobleza castellana de siempre, y el bando de los llamados infantes de Aragón, hijos del citado don Fernando. Jorge Manrique menciona a esos infantes de Aragón como ejemplo supremo de vana y efímera pompa. Toda la razón tendría Álvaro de Luna para poner coto a sus fantasmadas y a su voracidad.

En cierto momento el conglomerado de sus poderosos enemigos logró de Juan II, el cual no pecaba de resuelto y entero, que desterrase de la corte a su privado. Estuvo don Álvaro año y medio en la villa de Ayllón. Parece que el rey y su íntimo se escribían diariamente.

Las desavenencias de los poderosos crearon tal maremágnum en Castilla, que hubo que pedir al rey que llamase a don Álvaro de nuevo. Las relaciones con Aragón empeoraron en la fase en que la misma familia se sentaba en ambos tronos, respecto de la época anterior, lo cual invita a recordar el caso de Felipe V, quien apenas consolidado en el trono de España, tuvo que guerrear contra la Francia de Luis XV.

Por mucha que fuera la capacidad de maniobra del favorito, quedó sobrepujada por el número y calidad de sus antagonistas, buena parte de los cuales eran eclesiásticos. Escribe Pérez de Guzmán que «siempre España fue movible y poco estable en sus hechos, y muy poco tiempo careció de insultos y escándalos». En 1453 fue ejecutado Álvaro de Luna en Valladolid. El embate final contra él lo había dado la reina Isabel, segunda esposa de Juan II. El propio Jorge Manrique alude a esta muerte lamentable como testimonio de la fragilidad de las venturas humanas.

El príncipe Enrique se había casado con Blanca de Navarra de la que no tuvo hijos. Obtuvo la anulación pontificia de esta boda y la dispensa de parentesco para casarse con Juana de Portugal. Mientras tanto, un paje suyo, Beltrán de la Cueva, era ascendido a funciones cada vez más altas y llegaba a casarse con la hija del marqués de Santillana y a ser mayordomo mayor de palacio, con la consiguiente hostilidad de obispos y nobles. A la vez, se difundía por doquier la fama de que el rey era impotente. La reina dio a luz una niña a la que se llamó Juana, y que más tarde fue infamada con el apodo de Beltraneja. Fue jurada en Cortes como princesa de Asturias, heredera de Castilla y León.

Resulta perversa y antijurídica toda especulación sobre quién era el padre biológico de la princesa, pues desde la antigua Roma hasta hoy los hijos habidos en el seno de legítimo matrimonio no tienen ninguna necesidad de probar que son hijos de su padre; más aún, es improcedente la averiguación de quién es su padre de hecho.

En los años de nuestra posguerra publicó un libro interesante el diplomático e historiador cubano Orestes Ferrara, bajo el título de *Un pleito sucesorio*. Se proponía, sin llegar a la apología de Enrique IV, liberarle de la condenación total con que le habían lapidado muchos historiadores. Despertó réplicas severas: el duque de Maura no se avino a esta relativa rehabilitación de Impotente y escribió: «El primogénito de Juan II hereda todas las malas cualidades de su padre, agravadas como de sólito en los procesos degenerativos. La flaqueza de voluntad se trueca en abulia; el egoísmo, en huraño menosprecio de los deberes sociales; la pereza, en desaliño corporal; la inmoralidad, en vicios abyectos; la afición a la caza, en manía montaraz; los gustos artísticos, en deleite meramente personal...»

No pensaban otra cosa quienes depusieron audazmente a Enrique IV en la farsa de la plaza de Ávila (1465). Un grupo de nobles hizo irrisión de un pelele alusivo a él, revestido de las insignias reales. El arzobispo Carrillo, de Toledo, le quitó la corona, y los demás, los ornamentos, hasta que el último –a la voz de *Oxte, puto*– le pegó una patada y lo echó del tablado abajo. Asistía al acto el hermano menor del rey, Alfonso, el cual fue proclamado soberano. El pueblo asistente lloraba y gemía, aterrado y dolorido. La opinión global de Castilla se escandalizó y el rey pudo dar batalla a los rebeldes en Olmedo, y ganarla, pero sin provecho para él. Ni tampoco para Alfonso, que enfermó y murió tres años después sin llegar a ser Alfonso XII.

Por debajo de todas estas trifulcas se estaba librando el permanente combate de la nobleza terrateniente contra el pueblo y los burgueses. Puede diseñarse la hipótesis de que la conjura que dio lugar a esta farsa estaba animada por los nobles y que las clases populares favorecían a Enrique IV. Éste se había complacido en dar mercedes a las ciudades, fomentar el comercio y los oficios y tratar llanamente a quien se le acercaba. Muerto Alfonso, los magnates levantaron la bandera de su hermana Isabel para llevar adelante su acción rupturista contra el Impotente y los estamentos a los que éste defendía. Algún autor llega a creer que envenenaron al rey, y Marañón dice que fue con arsénico (1474), suposición que, por descontado, no afecta a doña Isabel.

La sucesión de Isabel en el trono castellano fue cuestionada, con fundamento, por los partidarios de que continuase el esquema de Enrique IV, que hoy parecería liberal, a base de que le heredara Juana la Beltraneja. Los enemigos de esta causa la descalificaron pretendiendo que ésta no era hija de Enrique IV, sino de su valido Beltrán de la Cueva. Respaldaron su candidatura figuras de gran autoridad en Castilla, como el citado arzobispo de Toledo y numerosos nobles, enemigos de la sucesión de Isabel. Ésta había sido ya proclamada heredera por su hermano, Enrique IV, el cual desvalorizó con ello los derechos de su hija.

En tal ceremonia comenzaron ya a definirse los derechos y funciones del consorte de la heredera, Fernando de Aragón, para cuando Isabel subiera al trono. La perspectiva de que esta joven pareja reuniera tanto poder disgustó a los magnates castellanos y también a Navarra y Portugal, donde se temió el surgimiento de una monarquía española poderosa. Así se explica la violencia de la guerra civil castellana que se desató al morir Enrique IV (1474). Los partidarios de doña Juana fueron derrotados en la batalla de Toro (1476).

La biliosa vindicta de Isabel y su esposo se sumó a la codicia de unos personajes tan dudosos como Andrés Cabrera, alcaide del Alcázar de Segovia, y su esposa, Beatriz de Bobadilla, amigos de los reyes. La apetencia de lucro y desquite que tenían los cuatro barrió vidas y haciendas. «Después de Isabel de Castilla, la Bobadilla», se repetía, denunciando la voracidad de ésta. En alguna medida, continúan hoy en Castilla, Andalucía y Extremadura situaciones patrimoniales derivadas de la reestructuración arbitraria de bienes y honores que practicaron los Reyes Católicos. Su merecido renombre de justicieros y formalistas ha de ser matizado con el recuerdo de tales actos.

En 1479 se convino la paz entre Castilla y Portugal y la princesa Juana se retiró a un convento de Coimbra sin renunciar a sus pretensiones. En el mismo año 1479 Fernando subió al trono de Aragón, sucediendo a su padre Juan II.

El papa español Alejandro VI otorgó a Fernando e Isabel el sublime pero vago título de Reyes Católicos, no sólo para galardonarlos amigablemente sino también para propiciarles una denominación que obviase el detallar a cada momento los títulos de cada uno y que no los globalizase utilizando vocablos entonces inconvenientes. Fernando e Isabel no podían intitularse reyes de España porque subsistían con identidad de reino Navarra, que la conservó hasta 1512, y Granada, que se mantendría hasta 1492. Dentro del vocabulario de la época, la independencia de Portugal coartaba que se emplease con plenitud de significado el vocablo «España», puesto que éste se entendía como equivalente a toda la Península.

Está clara la extrema prudencia con que los Reyes Católicos evitaron hacer uso de nombres y situaciones que agraviasen a cualquiera de los miembros de la monarquía. El conflicto se esquivó por elevación, comenzando a insinuar el concepto de «monarquía católica», que unos decenios después elaboraría Campanella. Con él pareció quererse trasladar el problema al nivel del «para qué» existe el Estado, sacándolo del nivel del «por qué» o del «cómo». Por lo demás, este recurso a la utilidad práctica llevó a la monarquía a buscar su base en la catolicidad; inventado tal lema, no pareció ya necesario otro montaje, por lo menos hasta que Olivares se inquietó por ello.

La reina Isabel ha sido una de las mujeres que ha exhibido más talentos y habilidades en el curso de su actuación histórica. Jerónimo Münzer, tras visitarla en Madrid, escribió: «Son tales sus conocimientos en las artes de la paz, tal su sabiduría en las artes de la guerra, que parece increíble que una mujer pueda entender de tantas cosas.» Baltasar Castiglione, en su *Cortesano,* publicado veinte años después de muerta, se pasmó de que sus pueblos «casi muestran creer que ella desde el cielo los mira y desde allá los alaba o los reprende...».

¿De dónde provenía el ascendiente personal de la reina? Surgen numerosas explicaciones fragmentarias. La reina Isabel «raras veces era vista reír como la juvenil edad tiene por costumbre, mas con gran mesura y templamiento mucho», dice la *Crónica incompleta.* Era tanta la autoridad que se le concedía que se cuenta que la reina preguntó un día a un escudero: «¿Cuándo ha de parir vuestra mujer?» Respondió: «Cuando vuestra alteza mandare.» Sabedora de que debía el trono al descrédito moral de su hermano, extremó las precauciones de imagen. Cuando el rey estaba ausente, dormía –dice Münzer– con sus doncellas y los chiquillos; luego, cuando la familia creció, tenía siempre la precaución de que durmieran con ella las infantas mayores y algunas dueñas. «Usa de esta costumbre con el fin de conservar incólume la reputación de su honestidad.» Le dijo un día Fernando: «Sois merecedora de gobernar no sólo a España, sino al mundo entero.»

Sandoval dice que la reina Isabel tuvo partos muy poco dolorosos: «Por ser como es, cristianísima, ha permitido Dios con ella que no reciba dolor en su parto; y así, estando riendo y burlándose, entre juego y burla, pare.» Esta particularidad física de la Reina Católica se compagina muy bien con la tranquilidad con que dictaba las sentencias más graves. Refiere esta impasibilidad en sus partos el bachiller Fernán Gómez, de Ciudad Real, al reseñar, en julio de 1478, el nacimiento del heredero, el infortunado príncipe Juan.

Había sucedido este parto en el Alcázar de Sevilla en 1478. Tal como era costumbre, la reina dio a luz en presencia de los oficiales de la ciudad, cosa no siempre aceptada por las soberanas que la sufrían. La reina Isabel se cubría la cara con un paño en ocasiones semejantes. (Parece que esta práctica provenía del nacimiento de Pedro I el Cruel, porque su madre, temerosa de las iras del rey si no nacía un varón, había preparado la sustitución de la posible niña por un niño que tenía a mano y era hijo de una judía. Los enemigos de don Pedro aseguraron que se había perpetrado este cambio de veras.)

Durante el nacimiento del príncipe Juan, según parece, ocurrió un eclipse que fue interpretado por las gentes como mal presagio. Sabido es que este joven príncipe Juan estuvo profundamente enamorado de su esposa, Margarita de Austria, de tal modo que la salud de él –de tanto entusiasmo– se resintió, y los médicos le aconsejaron que se separase temporalmente del tálamo conyugal. Esta providencia mereció la aprobación del rey Fernando pero no la de la reina Isabel, partidaria de que los matrimonios no se separasen por razón alguna. En 1497, después de seis meses de feliz matrimonio, la recién casada Margarita se quedó sin marido, y la monarquía sin heredero.

Los elogios dedicados por la posteridad a la monarquía dual de los Reyes Católicos no deben llevarnos a ignorar que tal fórmula sólo funcionó bien mientras vivieron ambos. Hasta en la época de Felipe II siguieron surgiendo conflictos a propósito de su aplicación (y otros hubo tiempo después), por no decir ya que el problema de estructurar las autonomías de España ha tenido que llegar hasta nuestro tiempo.

En la misma época de Fernando e Isabel hizo, pues, crisis la máquina de la «monarquía católica». Por mucho que los soberanos hubieran meditado sobre la sucesión dentro de sus coronas, conservando la vinculación entre ellas, la realidad desbordó sus previsiones. El problema resultó especialmente arduo cuando los reyes experimentaron la pérdida del heredero idóneo, su hijo Juan, y la sucesión correspondió a su hija Juana. Venciendo considerables dificultades, lograron que las Cortes de Aragón la reconocieran por heredera. Más conflictos tendría todavía el rey Fernando cuando quedó viudo, en 1504, simplemente para poder estar en Castilla. Es sorprendente que siga repitiéndose que la boda, en 1469, de Isabel y Fernando había creado «la unidad de España», cuando, apenas viudo el rey, los castellanos le indicaron con firmeza que no tenía nada que hacer en el reino de su difunta esposa.

La unidad de España no se estableció en forma plena e inequívoca hasta la Constitución de 1812, y hasta promulgarse ésta, los diferentes miembros de la monarquía española conservaron su identidad histórica, para no decir que sus instituciones fiscales, judiciales, monetarias, etc., funcionaron todavía más tiempo aferradas a su régimen tradicional y con diferencias notables entre sus respectivos estilos. Lo que sí produjo la unión personal de 1469 fue la unificación de las políticas exteriores de Castilla y Aragón, y apenas nada más.

Es evidente que Fernando e Isabel dedicaron aplicación a buscar objetivos para su monarquía católica, tanta como timidez y abstención en punto a construirla de otra manera. El terreno donde podía trabajarse con más desembarazo con miras unitarias era el religioso, y por tal razón, en 1480, los reyes fundaron el Tribunal de la Inquisición. Éste había ya existido en Francia anteriormente, en ocasión de la lucha contra los albigenses. Fue destinado a la represión y castigo de la herejía, entendiendo también por tal la fidelidad a la religión hebrea. La nueva jurisdicción no tardaría en perseguir asimismo los delitos contra las buenas costumbres, la bigamia, la brujería y la publicación de cualquier tesis que pudiera sonar a opuesta a las enseñanzas de la Iglesia.

La autoridad estatal podía valerse de este instrumento para la persecución de sus propios enemigos, y así comenzó a aplicarlo la reina Isabel, exhortando a la Inquisición a perseguir a una serie de conversos que habían figurado entre sus antagonistas. La Iglesia ayudó a configurar una forma de unidad española en la cual se exigía al ciudadano que fuera católico como requisito previo a entrar en la comunidad política, y se hacían depender los mecanismos de ésta de su congruencia con el orden católico. De esta dinámica misma resultó que en 1492 los Reyes Católicos prohibieran la residencia de los judíos en sus dominios, imponiéndoles que dentro de los cuatro meses siguientes salieran de ellos o recibieran el bautismo.

La etapa siguiente del proceso de fortalecimiento de la autoridad real y supresión de elementos incongruentes con ella fue la eliminación del último baluarte musulmán en la Península: el reino de Granada. Un riguroso asedio de varios meses llegó a causar hambre en la ciudad. Boabdil se rindió el 2 de enero de 1492, tras haberse firmado la capitulación el 25 de noviembre anterior. En ésta se pactaba el respeto a la religión islámica, la conservación de sus mezquitas y la integridad del patrimonio de los vencidos. Ninguno de estos puntos fue respetado: se puso en acción la notoria hostilidad del poder a toda religión que no fuese la católica y la corona confiscó al cabo de poco tiempo extensas fincas de propiedad personal de Boabdil.

A este reinado hay que atribuir, en suma, el comienzo de una positiva represión estatal en materia erótica que ha pesado sobre las costumbres españolas hasta hoy. Tal censura ganó rigor desde los Reyes Católicos, en contraste con el desenfado de la Iglesia medieval en tales temas. Fray Hernando de Talavera, confesor de Isabel la Católica, dio en escribir un tratado titulado *Del vestir y del calzar*, donde de paso que nos enseñaba cómo lo hacían las mujeres de su tiempo, las requería a ajustarse a las normas devotas, lo cual no quiere decir que las cumplieran.

Decía que era pecado «traer chapines muy altos que hacen crecer la costa y cuantidad del paño, además de ser pecado de soberbia y de mentira porque se fingen con ellos y se muestran luengas (las mujeres) que de suyo son pequeñas y quieren enmendar a Dios que hizo a las mujeres de menores cuerpos que los hombres». Fray Hernando blandía la eficaz arma del ridículo: «Es hábito muy deforme y feo porque las hace muy gruesas. Verdad es que es cosa natural a las mujeres ser bajas de cuerpo, delgadas y estrechas de arcas y de pechos y de espaldas y de pequeña cabeza, y aun, como dice san Isidoro, ser un poco encorvadas como lo es y lo era la costilla de que fue formada la primera mujer...»

El fraile, que era osado de natural, no se privó de recriminarle a la reina los excesos en el vestir y el danzar que se registraron en ocasión de estar ella en Barcelona. La soberana contestó con las humildes disculpas siguientes: «Decíais que danzó la que no debía; pienso si dijeron allá que dancé yo. Y no fue ni pasó por mi pensamiento ni puede ser cosa más olvidada de mí. Trajes nuevos no los hubo en mí ni en mis damas, ni aun vestidos nuevos que todo lo que yo en Barcelona vestí, había vestido desde que estamos en Aragón...; sólo un vestido me hice de seda y con tres marcos de oro, el más llano que pude: ésta fue toda mi fiesta de fiestas.»

Cuando Isabel subió al trono (1474) las rentas de su erario importaban 40 000 ducados, que son unos 300 millones de pesetas de 1994 si estimamos esta moneda, muy aproximadamente, por su valor adquisitivo. En ocho años logró multiplicar estos ingresos ocho veces y añadió al patrimonio regio castellano muchos bienes pródigamente regalados o malbaratados en reinados anteriores. Este furor recaudatorio estuvo acorde con la magnitud de sus gastos de corte y familia y las costas de la nueva política española, guerras comprendidas. El sometimiento político de los grandes señores –que fue más de fachada que de entraña– estuvo contrapuesto al auge de los capitalistas –banqueros, comerciantes, prestamistas, especuladores del suelo urbano–, en cuyas filas se integraron, por lo demás, buen número de nobles. Nada ganó la gente con esta oscilación de la opulencia de un centro a otro.

La ira del rey es mensajero de muerte

Éstas son palabras del poeta Quintana en su drama *El príncipe de Viana*: «Acordaos de que la ira del rey es mensajero de muerte.» Tienen aplicación a la historia de muchos países, pero acudiremos ahora a la de Rusia, donde se dan momentos culminantes y excepcionales en tal materia. Ha entrado en lo proverbial el despliegue de violencias sanguinarias que perpetró el zar Iván IV (1530-1584), apodado sin exageración como el Terrible. Se dejan aparte los numerosos actos de crueldad que ordenó bajo la inducción de circunstancias políticas o bélicas. Concentrémonos más bien en otros menos justificables como, por ejemplo, el dedicarse cuando era mozo a echar perros desde las altas murallas del Kremlin, o divertirse en ordenar, a la tierna edad de catorce años, que los nobles que le molestaban fueran ahorcados al borde de los caminos.

Se sitúa en la etapa constructiva que siguió a su feliz boda un hecho tan encomiable como la construcción de la iglesia de San Basilio en Moscú. Fue menos plausible la disposición que tomó de que fueran cegados sus arquitectos para que no pudieran repetir en parte alguna una obra tan bella. Después de enviudar, el zar dio rienda suelta al furor patológico que anidaba en su cerebro desde la niñez. En los primeros días destrozó los muebles de su casa, se dio de cabeza contra las paredes, entró en orgías espeluznantes y emprendió carnicerías horribles participando personalmente en muchas de ellas.

Iván IV se gozó en introducir especial fantasía creativa en las efusiones de sangre: por ejemplo, se complacía en lanzar unos cuantos osos que tenía cautivos contra la muchedumbre, simplemente para ver que tipo de escena se suscitaba, o mandaba a menudo que las mujeres que se le ocurría fueran desnudadas, atadas y convertidas en blanco del tiro de sus guardias, y en alguna ocasión llegó hasta el extremo de inventiva de ordenar que los habitantes de una ciudad a los que había castigado le entregasen un carro lleno de pulgas vivas.

A medio cumplir este complicado empeño, los castigados indicaron al soberano que no sólo resultaba imposible acabar de llenar el carro, sino que ellos mismos ya no podían hacer nada a derechas porque estaban infestados por la nube de pulgas. En otra ocasión, el zar se indignó porque algunas señoras inglesas y holandesas se burlaron de él, según creyó captar en una fiesta en Moscú. Privado de cortarles la cabeza, como hubiera hecho si hubieran sido súbditas suyas, se contentó con ordenarles reunirse en una gran sala del Kremlin y disponer que allí se desnudaran y procedieran a pelar una enorme cantidad de guisantes que los servidores amontonaron. Las señoras tuvieron que ir limpiando los guisantes y aceptar, acaso todavía peor, que cuando terminaron el zar quisiera hacer las paces, invitándolas a copas y diciéndoles que allí no había pasado nada.

En algunas de sus fortalezas estaban instalados

horribles calabozos donde mandaba ejecutar las más intrincadas torturas con instrumentos que él mismo diseñó, desde aparatos especiales para la flagelación hasta jaulas de hierro y sepulcros donde mandaba enterrar vivos a los condenados que elegía. Curiosamente, el hombre capaz de este sadismo, o de exterminar a millares de personas de cualquier población que se le opusiera, exigía que cada noche al acostarse le explicaran un cuento infantil y sedante. En cierto momento estimó que el mejor modo de satisfacer esta apetencia consistía en dar un sueldo a tres viejos narradores ciegos, los cuales no tenían otra obligación que atender a aquella manía nocturna del soberano.

Dícese que en el curso de los años fue sosegándose el furor exterminatorio de Iván el Terrible. Aun así, consta que en 1569, solicitó a una agraciada joven que se casara con él; había ya enviudado por dos veces. La candidata se aterrorizó de tal manera al escuchar semejante oferta que cayó muerta del susto. Como habría de ocurrirle a su descendiente Pedro el Grande, de quien tratamos luego, Iván IV tuvo graves querellas con su hijo y sucesor, y en una de ellas, en el año 1581, le hirió en la cabeza con el hierro de su bastón y el heredero murió al cabo de pocos días.

Cuando el soberano se dio cuenta de que había matado a su hijo y continuador, entró en extremos de demencia que convertían en una futesa los estropicios que había cometido hasta entonces. Afortunadamente, los dos últimos años de su vida los pasó sumergido en una especie de sopor, hasta que se extinguió a los cincuenta y tres de su edad, en medio de general contento.

«Pesada es la piedra y fatigosa la arena, pero la ira del necio es más pesada que las dos», dice el libro bíblico de los Proverbios (XVII, 3).

Un caso extremo de esta pesadez fue el del maharajá de Arwar, Jai Singh (1882-1937), el cual era célebre en todo el Imperio británico mediante prácticas tan estremecedoras como la de arrebatar sus niños a las madres de su estado y emplearlos como reclamo en la caza de tigres, dando, esto sí, a sus familias la garantía de que el truco no le había fallado nunca y de que siempre había matado al tigre de que se tratara. Era también especialmente adverso a toda clase de perros y los mataba en cuanto se tropezaba con ellos, fuera cual fuera la compañía con que se encontrase en aquel momento. Más aún, cuando tenía invitados, los obsequiaba con el espectáculo de atar una cabra en medio del jardín donde los agasajaba y soltar un leopardo amaestrado que tenía para que la liquidase a la vista de todo el mundo.

Una nota simpática para nuestro país consistía en la extremada afición del soberano a los automóviles de la marca Hispano-Suiza, cuyo prestigio en los años veinte no es del caso subrayar. Era tanta su admiración hacia este producto de nuestro ingenio que, cuando desechaba uno de tales coches, mandaba enterrarlo ceremoniosamente en las colinas vecinas a su palacio.

Los ingleses convivieron estupendamente con este personaje, el cual era, entre otras cosas, coronel honorario de su ejército, hasta determinado momento que representó para ellos el *non plus ultra*: cierto día, su alteza tomó parte en un partido de polo y como su caballo no se portó tan bien como él deseaba, determinó al final del *match* castigarlo mediante el radical procedimiento de rociarlo de petróleo y prenderle fuego. El gobierno de Londres se indignó y depuso en el acto al maharajá. Esto pasaba en 1933 y Jai Singh se exilió a París donde moriría cuatro año más tarde.

Hasta más allá de su defunción duraron sus extravagancias, porque dispuso que su cuerpo fuera llevado a la India y que, al llegar a las fronteras de su antiguo territorio, fuera sentado en un magnífico coche, ejemplar único, que se había ordenado fabricar en su día con dorados, luces y oropeles. El cadáver del soberano, vestido con uno de sus más lujosos atavíos, fue mantenido derecho en el asiento del coche, se le pusieron unas gafas oscuras, y el cortejo cruzó las calles de su antigua capital camino del sepulcro.

La voracidad de la real hacienda española

La voracidad del antiguo fisco español –durante siglos confundido con la hacienda regia– se da por sabida. Su hambre de recaudación fue acompañada por su prodigalidad y desorden, como es propio de los países pobres, en contraste con la rígida mezquindad que hemos visto que es típica de los ricos.

España no ha dejado de ser pobre en ningún tiempo, ni le sirvió de nada la supuesta riqueza americana, la cual no fue tan grande como se dice, ni quedó dentro de nuestro país. En la misma época del imperio, la corona vendió cientos de títulos de nobleza e hidalguía para allegar dinero y defraudó a sus prestamistas.

Felipe II suspendió varias veces los pagos de la corona con la flema con que hoy lo hacen muchos negociantes. En 1557, apenas subido al trono (1556), paralizó el pago de sus deudas y consolidó una deuda flotante de siete millones de ducados, que podríamos estimar equivalentes en valor adquisitivo a unos 50 000 millones de pesetas de hoy. En 1575 repitió la operación cuando su deuda vieja era ya más del triplo y él había entrado en 100 000 millones de deuda nueva. La suspensión se volvió a practicar en 1596, viviendo aún él, y en 1607, 1627 y 1647, durante los reinados de Felipe III y de Felipe IV. El tesoro tenía un déficit crónico del orden aproximado de 75 millones de reales de vellón cada año, que valdrían hoy como 45 000 millones de pesetas.

En tiempo de Carlos II la situación empeoró. El déficit de Felipe V aumentó hasta cerca de 273 millones de reales, suma que debe de estar en los niveles de unos 170 000 millones de pesetas de 1994, por decir algo. A Carlos II se le morían de hambre los caballos en las caballerizas; no había dinero con que comprarles pienso. A Felipe V le ocurrió algo semejante: los caballos del primer Borbón de España pasaban tantos aprietos que a un embajador de buen humor se le ocurrió escribir: «La suerte más lamentable es la de los caballos, que no pueden pedir limosna.» En tiempo de Felipe III se había mendigado para el real erario, por la calle.

En el otoño de 1680 tuvieron los reyes deseos de ir a gozar de los jardines de Aranjuez. Hubo que suspender el viaje por falta de dinero. Se dio como pretexto que había peste. La reina, a cuyos oídos llegó la verdad, se enfadó. Entonces los ministros determinaron un viaje al Escorial. Para realizarlo –consigna en sus memorias el marqués de Villars, embajador de Francia– «vendieron un gobierno en las Indias por 40 000 escudos y dos cargos de contador mayor en 25 000; tomaron todo el dinero recogido en las entradas y aduanas de Madrid..., y se sirvieron de la mitad de un fondo de 100 000 escudos destinado a pagar el equipo de la tripulación de los galeones, cuya salida fue retardada por aquel motivo».

Quevedo expone a Felipe IV la triste situación de un hidalguillo: «El pobre, honrado y buen caballero, si enferma no alcanza a pan y carnero.»

Es clásica el hambre castellana del siglo XVII. Consta en Cervantes, en Góngora, en Rojas, en la novela picaresca, en las referencias de los viajeros, desde Villars hasta madame D'Aulnoy, la cual es a veces fantasiosa, pero no en esto.

Mientras tal ocurre, la prodigalidad y el latrocinio desbaratan el real tesoro, añadiendo males a los congénitos de desorden y desatino que ya padecía de toda la vida. Para la recaudación y administración de los impuestos hay un ejército de succionadores, como dice Blanco Fombona, a quien seguimos. Existen nada menos que 80 000 recaudadores y administradores. Cada uno de ellos es un diminuto duque de Lerma, un pequeño condeduque de Olivares, un minúsculo dictador.

El rey, los ministros, el clero se convierten en contrabandistas. «El rey mismo –escribe Colmeiro– solía ser el primero en quebrantar las leyes del comercio otorgando a diferentes hombres de negocios permisos para introducir mercaderías de contrabando mediante un servicio pecuniario o cantidad alzada que pagaban a la corona.» Los ministros y los reyes abusaron de esta corrupción que llegó a degenerar «en arbitrio fiscal y vergonzoso monopolio». De entonces datan algunas fortunas ennoblecidas. El clero «fatigaba a la jurisdicción ordinaria –dice Colmeiro–, negándole competencia para exigirle los derechos de almojarifazgo, puertos y diezmos. Se creía dispensado de las leyes».

En 1680 la gente se peleaba en las calles de Madrid por un pedazo de pan y se organizaban bandas de delincuentes en las ciudades. Más de 20 000 mendigos de los campos inundaban la capital hambrienta. Miles de crímenes se cometían cada año en ella. Las provincias no estaban mejor: Sevilla había quedado reducida a la cuarta parte, o menos, de la población del siglo XVI. En España, dueña de Zacatecas y Potosí, no existía oro ni plata en circulación, porque iba a parar a Génova, o a Flandes, o a cualquier otro centro financiero europeo. España –observa un economista español del siglo XIX–, «con ser la nación más rica en minas, es la más pobre en dinero». En algunos lugares de

Castilla se retrocedió a la época del trueque por falta de pecunia con que comprar. Las familias vendían sus joyas a los extranjeros.

El conde-duque de Olivares no fue menos insaciable que sus antecesores. Acumuló cargos y millones: camarero mayor, gran canciller de Indias, caballerizo mayor, sumiller de corps, alcaide de los alcázares de Sevilla, alguacil mayor de la Casa de Contratación; tenía encomiendas de tres órdenes militares y las enormes rentas del ducado de Sanlúcar; cobraba hasta por su mujer, camarera de la reina. Poseía también el conde-duque el privilegio de enviar un cargamento anual a las Indias.

El embajador francés, Villars, comunicaba a Luis XIV la noticia de haberse otorgado un título de marqués por una elevada suma al hijo de cierto opulento israelita. Este dinero servía para que pudiera ir a encargarse de la gobernación de Flandes el príncipe de Parma. En América se vendían no sólo títulos de nobleza, sino que a los mestizos y mulatos se les reconocía por decreto pureza de sangre.

Al ministro de Felipe V, cardenal Alberoni, le tocó una época peor, pero sabía buscar dinero donde lo había. ¿En Inglaterra? Pues con ella ajustó un tratado de comercio desventajoso para España, por suscribir el cual recibió 100 000 libras esterlinas. En el siglo XIX abundaron aún más las generosidades de Francia e Inglaterra con los políticos y los publicistas españoles, en busca de concesiones mineras, ferroviarias, aduaneras, monetarias o de cualquier otra especie.

La venta de Alaska por el zar Alejandro II

La venta de Alaska por Rusia a los Estados Unidos el 30 de marzo de 1867 no sólo nos interesa aquí como un disparate regio grandioso –la efectuó el zar Alejandro II (1855-1881), directamente asesorado y presionado por su hermano, el gran duque Constantino (1827-1892), como en seguida veremos–, sino que nos reverdece una más de las grandes deudas de los Estados Unidos para con España. Sin el legado de nuestra presencia histórica en California, los Estados Unidos hubieran tardado mucho más en tener despejada la costa del Pacífico. Partiendo de México, español, hacia el Norte, el padre Junípero Serra y sus misioneros franciscanos habían explorado California, a la vez que los militares y los marinos españoles ponían factorías y fortines hasta en Alaska. El glaciar Malaspina y los nombres de Valdés y Córdoba que aparecen en el mapa de ésta testimonian la instalación de la corona de Carlos III en plenos hielos árticos.

En la misma zona se habían desarrollado las exploraciones rusas de Bering, en 1728, el cual dio su nombre al estrecho que separa América de Asia. Los rusos habían descendido por la costa pacífica de América, habían fundado una Compañía Ruso-Americana de Comercio y se dedicaban intensamente a cazar nutrias y otros bichos y comerciar con sus pieles y todo lo que se presentara, a la vez que marcaban de cerca a los españoles. Los rusos no bajaron hasta California porque nuestros soldados les pusieron coto. Si la hubieran explorado y explotado a sus anchas, se habrían quedado firmemente en ella; no digamos ya con cuánto ahínco, si hubieran alcanzado la época en que se conocieron los hallazgos de oro tanto en Alaska como en California, y más tarde, los de otros muchos minerales valiosos. Estas gangas se descubrieron cuando el zar ya había cometido la equivocación de vender Alaska a los Estados Unidos por la risible cantidad de 7 200 000 dólares.

Ciertamente, cabía que la corona rusa se excusase con que sus tropas no podían defender Alaska en el caso de que alguien se la quisiera quitar. Con la derrota de Crimea, ante ingleses y franceses en 1856, el zar ya había experimentado hacía pocos años que era incapaz de defender las riberas de su imperio y, al cabo de unos decenios, esta flaqueza acabaría de quedar remachada con el desastre de la guerra ruso-japonesa. Al estallar (1854) la guerra de Crimea, la Compañía de la Bahía de Hudson, que era inglesa y administraba las riquezas del Canadá, le había enseñado las uñas a su colega rusa.

Ésta, asustada, había llegado a transferir en San Francisco sus derechos y patrimonio a una sociedad norteamericana, la cual se prestó a cubrirla con su bandera neutral para liberarla de toda agresión inglesa. La cesión postiza no pasó a tener realidad, pero el gran duque Constantino, que tenía el mando de la Armada rusa y gobernaba Alaska, recordó la idea de la venta para remediar las penurias de la hacienda rusa. A la vez, comenzó a convencerse de que los Estados Unidos acabarían por quedarse con Alaska, por las buenas o por las malas.

Por los mismos años, surgió en California un senador dinámico y ambicioso, William McKendree Gwin, acaso la primera persona que concibió la idea de una expansión norteamericana en el Pacífico: en efecto, estudió la anexión del reino de Hawai, diseñó la expansión comercial en aquel océano, valorando como clientes las ingentes masas humanas de sus orillas, y pensó en la compra de Alaska.

Como siempre se hace en estos casos, los propietarios –los rusos– dijeron que no estaba en venta. Al propio tiempo, el baron Ferdinand Wrangell, presidente de la Compañía Ruso-Americana, valoró el activo de dicha sociedad y el territorio de Alaska en 5 600 000 dólares como precio mínimo, susceptible de ser elevado hasta cosa del doble. El ministro ruso de Asuntos Exteriores, Gorchakov, no simpatizaba con esta venta y estimaba que, en cualquier caso, si se demoraba, podría obtenerse un precio mejor. El gran duque Constantino no aplaudía tal tesis: estaba promoviendo iniciativas de progreso y unos negocios semipúblicos y semipersonales, entre ellos una compañía de navegación, y le encantaba contar con dinero fresco. El realismo del augusto personaje vino a contrastar paradójicamente con lo soñador y vaporoso de las ideas de los norteamericanos, en especial del senador Gwin y su círculo. Éste se proponía crear una línea de navegación entre San Francisco y Siberia, tender un cable telegráfico con Alaska y adquirir esta misma. No paraba de reunirse con el embajador ruso en Washington, Stoeckl, y éste de remitir despachos a San Petersburgo.

El zar era un gran promotor de mejoras y reformas vanguardistas y encomendó presidir su consejo al gran duque Constantino. Éste cuidó personalmente de reprimir una de las grandes rebeliones polacas con severidad. En la capital rusa les significaron a los proyectistas de Washington que no empezarían a considerar el asunto hasta verlo traducido en dinero. Los norteamericanos dejaron caer la cifra de cinco millones de dólares para empezar a hablar. Los negociadores rusos dijeron que era muy poco y que no valía la pena. El zar Alejandro, enterado de la oferta, murmuró discretamente: «Habrá que seguir hablando.» Pasó un tiempo y a falta de nuevas ofertas, se constituyeron en Rusia dos bandos en relación con la venta, atendiendo a otras razones: los que eran favorables a ella, como el gran duque Constantino y el embajador Stoeckl, opinaban que Alaska no podía ser defendida por las armas (el almirante Andrei A. Popov, jefe de la flota rusa del Pacífico, avaló este parecer), y los más recelosos, como el ministro Gorchakov, opinaban que aquella porción de América estaba muy bien en manos rusas, y podía seguir en ellas un tiempo, a menos que el precio compensase generosamente el disgusto de marcharse.

Mientras en Rusia pasaban los meses en esta controversia, en los Estados Unidos se desarrolló, de 1861 a 1865, la guerra de Secesión. En ella quiso el peso de las cosas que la Gran Bretaña, enfrentada con el zar por la frontera de la India, por la represión de Polonia y otras diversas razones, se situase en posición favorable respecto de los sudistas, y que los nordistas de Lincoln simpatizasen con Rusia. El zar fue víctima de un atentado y los nordistas le testimoniaron afecto y solidaridad; Lincoln moriría en otro, cinco días después de acabar la guerra, el 15 de abril de 1865, y el zar lo lamentó de veras, como si previese que él mismo moriría en atentado, en 1881. Estas incidencias crearon una comunicación peculiar entre ambas naciones, con repetidos mensajes y visitas, y de ella derivó una comprensiva cordialidad. Se hablaba ya de que los Estados Unidos y Rusia eran aliados naturales y que se apoyarían entre sí contra posibles malicias británicas.

Al propio tiempo, la compañía mercantil privada rusa que había venido explotando el territorio de Alaska entró en conflicto con el gobierno del zar, se quejó de que no le iba bien el negocio y amenazó con dejarlo plantado, lo cual representaba que el mantenimiento de Alaska habría de pasar a cargo del erario. Este gasto sobrevenido horrorizó a la apolillada hacienda del zar, el cual hizo averiguar en seguida si los norteamericanos continuaban interesándose por Alaska.

En este punto, resulta impresionante reflexionar cómo un asunto bastante menor, cual era el estado de cuentas del zar, trascendería a dar forma a destinos universales. Por una parte, Rusia quiso librarse de prisa del problema de Alaska vendiéndola precisamente a los Estados Unidos cuya amistad deseaba vigorizar, como vemos. Por otra, el secretario de Estado norteamericano, William A. Seward, patrocinaba una política de expansión mediante compras, conquistas y anexiones, continuadora de las compras de Luisiana y Florida, la adquisición de Texas, la toma de las islas Midway, etcétera.

Es interesante anotar que la actuación hispano-franco-inglesa para instaurar al malhadado emperador Maximiliano en México, igual que la recuperación breve de la soberanía española en Santo Domingo, la agitada presencia cubana de España y otros movimientos ocurridos en esos mismos años, reforzaron la tesis yanqui de que urgía andar listo en América para ganar posiciones. En 1866 el astuto secretario de Estado Seward se concedió un «viaje de salud» al Caribe, cuyas islas visitó despaciosamente, y donde lucubró una amplia expansión norteamericana, la cual tiempo después volvería a fraguar en nuevas propuestas a España de compra de sus posesiones, repitiendo otras pasadas. Las clases privilegiadas de las Antillas españolas no querían ni oír hablar de ello y el gobierno de Madrid, que tenía emitida una importante deuda pública bajo la garantía de la isla de Cuba, todavía estaba más atado por este compromiso y la imposibilidad de sanearlo.

Volvamos a los abrumadores glaciares, a las aguas ricas y rebeldes de Alaska, a sus silencios sobrecogedores, a sus entrañas henchidas de riquezas inacabables. Se acercaba la hora del cambio de bandera y en ella los espectadores presenciarían el curioso cuadro de unas actitudes trocadas: la Rusia vendedora, que debería haber representado el papel de pesarosa y coaccionada, estaba alegre e impaciente por firmar y cobrar, y en cambio parecían mustios y agrios los Estados Unidos, a los que se suponía enterados de la riqueza amplísima que adquirían por el precio que hoy vale un edificio de tercera clase de Nueva York. Semanas y semanas tardó su Congreso en ratificar el tratado, con motivos tan mezquinos como la falta de partida para tal fin. El acuerdo, en suma, fue firmado el 30 de marzo de 1867. Alaska sería vendida por el zar, finalmente, por 7 200 000 dólares.

El cambio de manos de Alaska pareció aturdir y desconcertar a ambas potencias, porque ambas emprendieron unas líneas políticas y estratégicas raras: Rusia, en aquellas mismas fechas, determinó ser poderosa en el extremo oriental de Siberia y creó la base naval de Vladivostok, seguida, años después, por la de Port Arthur, posiciones llamadas a enfrentarla con el Japón, que no podía tolerar mansamente aquellas cabezas asomadas a la tapia de su jardín. Es sorprendente que le entrara al zar este impulso unas semanas después de haberse sentido impotente para poner Alaska en pie.

A su vez, los Estados Unidos, apenas adquirido este territorio, lo dejaron olvidado; prácticamente lo han tenido sin aprovechar hasta muy entrado nuestro siglo; fue preciso el acicate de la última guerra para abrirles los ojos sobre los peligros y las ventajas de Alaska, y hacerles notar que a su extremo están tierras rusas y japonesas, como quien dice al alcance de la mano. Mientras tanto, los políticos de Washington pasaron varios lustros preocupándose por el Caribe y por el Pacífico central y meridional. En esas áreas su balance de actividades, todavía abierto, les ha dado mucho peor resultado que el que podía haber ofrecido la dinamización de Alaska y su ámbito. Acaso hay tierras cuya grandiosidad no es manejable por los talentos de los políticos usuales.

III. ANTOLOGÍA DE CONCUPISCENCIAS Y DESATINOS

«No vayan en pos de sus pensamientos...»

Nos conducirá a la ruina el seguir los propios pensamientos (según dice el libro bíblico de los Números, 15, 39), pues, por lo común, no se nos ocurre cosa buena. Quienquiera que posea medios y poder debe además andar con especial cautela por la vida. Esta moraleja dedicada al estamento de próceres fue objeto de amplio desarrollo por Guevara, Quevedo y Gracián. «La ira del rey es más fuerte y dañosa que la de los otros hombres, porque la puede más eficazmente cumplir, y por ende debe estar más advertido, cuando la sintiere, para saberla reprimir», dice el rey Alfonso X el Sabio. Lo mismo puede valer para otros muchos anhelos y propósitos que embarguen acaso el real ánimo. Erasmo de Rotterdam da un capotazo benigno a esta evidencia, indicando que el corazón de las personas regias está más inclinado a la grandeza que a la rectitud. No siempre: no tardaremos en ver episodios regios que no son rectos ni grandiosos.

Es así tradición lusitana que el rey Dionisio de aquel país tenía muchos celos de su hermosa cónyuge, a la cual se venera como santa Isabel de Portugal. Esta desordenada pasión le llevó a conducirse con extraño desvarío. La reina tenía un paje muy piadoso a su servicio y lo distinguía con su estima. Otro paje, envidioso, acudió al rey Dionisio y le dijo que la reina Isabel dedicaba afecto descomedido al antedicho. Los celos enloquecieron al rey, el cual inventó un proyecto escalofriante. Se fue a un bosque donde había un horno de cal y ordenó a los obreros que echasen al horno al paje que les enviaría a la mañana siguiente. Llegó el nuevo día y el monarca llamó al paje calumniado y le ordenó: «Vé al horno de cal que hay en el bosque y di que hagan lo que ayer les ordené.» El paje salió para cumplir el mandato pero en el camino oyó una campana, se acercó a una iglesita y se detuvo un tiempo para hacer sus devociones. Más tarde, siguió, llegó al horno de cal y se presentó a los obreros en la forma encomendada por el rey. Éstos le contestaron que la orden ya había sido cumplida. ¿Qué había ocurrido? Que el rey y el paje malo se habían puesto nerviosos al ver que pasaba el tiempo sin noticias del paje bueno, y el soberano había dispuesto que el calumniador fuese a preguntar. En cuanto apareció de parte del rey, le echaron de cabeza al horno. Así quedó premiada la virtud y castigado el pecado, cosa que no es frecuente que ocurra en la vida, y que por ello merece especial relieve en estos apuntes.

Conviene que se observe que el repaso de la historia no siempre es moral, y muchos de sus pasajes no son aptos para todos los públicos. No por ser antigua es mejor la conducta humana, y no todos los sucesos que genera –ni siquiera la mitad– son de sensata imitación. Vamos a verlo en seguida.

Sexo, lujo y violencia, mil años atrás

Sexo, lujo y violencia son atributos pregonados con insistencia en la publicidad de las películas de moda, como apetencias básicas del espectador común. La historia del califa de Córdoba Abderramán III (912-961) contiene en abundancia episodios de este acento y muchos de sus rasgos resultan de pasmosa modernidad. Así, no es cosa de hoy sino de hace un milenio el penoso comportamiento de Abderramán respecto de un joven prisionero cristiano que tenía en Córdoba: Pelayo, sobrino del obispo Hermogio de Tuy, el cual, según recordará el lector, había sido dado en rehenes a Abderramán para rescatar a su tío, hecho prisionero en Valdejunquera. «Era Pelayo tan hermoso como discreto –escribe Lafuente– y hacía ya tres años que estaba cautivo en Córdoba, cuando, informado el califa de sus prendas, quiso verle y atraerle a su religión. "Joven –le dijo–, yo te elevaré a los más altos honores de mi imperio, si renegando de Cristo quieres reconocer a nuestro Profeta." A estos seductores halagos resistió con entereza el joven Pelayo, que contaba entonces trece años de edad.»

Los escritores cristianos añaden que el califa se propasó a hacerle demostraciones de otro género, más criminales que las primeras insinuaciones, conforme opina Lafuente, por lo cual, enfurecido Pelayo, se arrojó intrépidamente contra Abderramán, le hirió en el rostro y le mesó la barba, desahogándose con las expresiones más fuertes con el califa y su religión. En esto se equivocó Pelayo, porque para un cristiano hubiera sido peor perder la fe que la vergüenza, pero vamos a continuar con su historia.

El desenlace del drama fue el martirio del joven, cuyo cuerpo mandó Abderramán atenazar, y que después fuese arrojado al Guadalquivir: horrible muerte que sufrió con resignación que parecía increíble en su corta edad. Fue el martirio de san Pelayo a 25 de junio de 925. Lo cantó en versos latinos la monja alemana Roswita, y se hizo célebre por los poemas y dramas que sobre él se compusieron en la segunda mitad del siglo x, en Europa.

No es tema característico de hoy sino de aquel mismo tiempo que un magnate del norte de España emprenda una cura de adelgazamiento con los médicos de Andalucía para recobrar la salud y la capacidad de trabajar. Tal cosa le ocurrió al rey de Asturias y León, Sancho I (955-958 y 960-966), llamado el Craso o Gordo. La obesidad agravó sus ineptitudes y quiebras, las cuales debían de ser muchas. Como explica también Lafuente, hubo de dejar su reino y refugiarse en Navarra, junto a su tío el rey García. Este monarca le aconsejó que pasara a Córdoba a ponerse en manos de los médicos árabes para que le curaran la excesiva obesidad que le inhabilitaba, dicen, para montar a caballo y para todo ejercicio militar, lo que «en unos tiempos en que tan necesaria era a los reyes la actividad personal equivalía a imposibilitarle para el gobierno del reino».

Despachó García embajadores al califa cordobés e hizo que acompañaran a su sobrino varios personajes de su corte, entre los cuales fue la reina madre, Toda, abuela de Sancho, que era en la Península de su época algo así como lo que en el siglo XIX fue en Europa la reina Victoria, abuela y consejera de reyes y magnates. Aunque el objeto de este viaje era la curación del monarca, llevaba además el fin de interesar al califa en que le ayudase a reclamar sus derechos al trono.

Fue Sancho recibido en Córdoba con cortesanía, y Abderramán le hizo alojar en su palacio, proporcionándole sus médicos para que le asistiesen y tratasen. «Plácenos ver a dos príncipes de enemigas religiones y pueblos, al uno arrojarse confiadamente en brazos del otro, buscando en él y en sus sabios el remedio a sus males, al otro hospedándole en su propio alcázar y haciendo servir a su bienestar la ciencia de sus doctores –dice Lafuente–, siendo tan admirable la generosa correspondencia del sarraceno como la noble confianza del cristiano.» Tuvo Sancho la fortuna de corregir su obesidad, y hasta de recobrar la soltura de la juventud. Hubo de hacer larga residencia en Córdoba, y se instruyó en su lengua y sus costumbres, captándose la gracia del califa. Al cabo de tres años trató de recuperar el usurpado trono y encontró tan propicios a Abderramán y sus ministros que llegaron a poner a su disposición un ejército musulmán.

Vio, pues, España otra vez ponerse en marcha un ejército moro conducido por un príncipe cristiano. Emprendió el camino de León (959), donde imperaba Ordoño IV llamado el Intruso y el Malo. Éste, al ver la pujanza con que volvía el anterior soberano, escapó y se refugió en Asturias, donde esperaba mantenerse contra su rival. Continuó Sancho majestuosamente su marcha de ciudad en ciudad, aclamado como libertador. El escaso partido que tenía Ordoño el Malo acabó de perderlo con su cobarde fuga, y apenas había quien se atreviera a defenderlo. Así llegó Sancho a León, donde lo esperaban numerosos parciales, y ganó la capital.

Ordoño pasó con su familia a Burgos. Los burgaleses, sin mostrarse conmovidos por su suerte, se apoderaron de su mujer Urraca y de sus dos hijos, y a él le hicieron salir de la ciudad. No le quedó otro remedio que pasarse a los moros de Aragón, entre los cuales vivió algún tiempo de manera miserable, y allí murió ignorado y oscuro. Tal fue el fin de Ordoño IV.

Otro monarca de más de mil años atrás, Vermudo, o Bermudo II, de Asturias y León (984-999), fue también protagonista de hechos pintorescos y avanzados, como el de ser bígamo, según veremos en seguida. El obispo cronista Pelayo de Oviedo afea su memoria con animosidad al llamarle indiscreto y tirano en todo *(indiscretus et tyrannus per omnia)*, y atribuye a castigo de sus pecados las calamidades que sufrió contra un enemigo del talento y del temple de Almanzor. A pesar de tan adversas circunstancias, no se olvidó de dotar al país de instituciones útiles. Restableció las leyes del añorado Wamba, y mandó observar los antiguos cánones, lo cual está acaso en la raíz de las odiosidades que se ganó entre los círculos oligárquicos y privilegiados, donde solían estar los cronistas de antaño.

Vermudo II tuvo dos legítimas esposas, o por lo menos veladas ambas *in facie Ecclesiae*: la primera llamada Velasquita, de quien tuvo a Cristina, que casada después con el infante don Ordoño, dio origen a la familia de los condes de Carrión; la segunda, Elvira, era hija del conde de Castilla García Fernández, de la cual hubo también varias hijas y un hijo varón, que fue el que le sucedió en el trono con el nombre de Alfonso V. Se casó con Elvira viviendo Velasquita, a quien había repudiado, no sabemos por qué causa. Este monarca nos suministra otro ejemplo de la facilidad con que los reyes de aquellos tiempos se divorciaban y contraían nuevos matrimonios viviendo su primera esposa, va diciendo Lafuente. «Tuvo además sucesión Vermudo de otras dos mujeres que se cree fueron hermanas, a quienes el sabio Flórez llama según su costumbre amigas, y los demás cronistas nombran con menos rebozo concubinas –añade–. Noticias son todas éstas que dan luz no escasa sobre las costumbres y la moralidad de aquellos tiempos en esta materia.»

Hay quien achaca a Vermudo II –cierto es, con poca base– que hizo parecer ante su tribunal al obispo de Santiago, Ataúlfo, «acusado de enorme crimen» por tres siervos, y sin oírle le condenó a ser expuesto al furor de un toro para que muriese despedazado. Era Jueves Santo, y el prelado se presentó de pontifical a las puertas del palacio donde se hallaban reunidos los nobles asturianos; de pronto soltaron al feroz animal y éste corrió a rendirse mansamente a los pies del obispo y se revolvió contra los circunstantes.

Dicen unos que la acusación versaba sobre crimen nefando, otros sobre delito de alta traición y connivencia con los infieles; otros dicen que Ataúlfo perdonó misericordiosamente a los calumniadores y algunos afirman que los maldijo, para que nunca faltasen leprosos, ciegos, mancos y cojos, dentro de su estirpe y a la misma descendencia del rey Vermudo alcanzase el castigo.

El arcediano de Tineo asegura que los cuernos del toro estuvieron colgados muchos años en lo alto de la capilla mayor de la catedral de Oviedo, y que al salir de esta ciudad el obispo murió junto a Grado, en una aldea que por su nombre se llamó Santo Dolfo.

Padeció Vermudo gota en términos de no permitirle cabalgar, y tener que ser llevado a hombros. Al fin sucumbió de tal enfermedad después de un reinado penoso de diecisiete años, en uno de los últimos meses del año 999, en un pueblo del Bierzo llamado Villabuena: su cuerpo fue trasladado después a León.

Los amores inquietos y desordenados

Está cargado de significado augural el hecho de que el padre fundador de Europa, Carlomagno, se casara cuatro veces –con las llamadas Desiderata, Hildegarda, Fastrada y Liutgarda– y tuviera además seis concubinas. En nuestra época no se admite que los nombres de éstas sean postergados respecto de las legítimas: eran Himeltruda, Madelgarda, Gerswinda, Regina, Abelinda y otra que, por desgracia, no sabemos cómo se llamaba. Los cronistas de la época testifican que, aunque fuera por el buen parecer, Carlomagno, de joven, daba muestras de gran desasosiego por su mal ejemplo a los circunstantes. Sin embargo, en el curso de su vida, había de darlo todavía peor, puesto que una saga nórdica atestigua que el emperador tuvo tratos excesivos con su hermana, y ésta dio a luz al célebre Rolando. La hermana, que, para más detalles, se llamaba Berta según algunos, y Gille, según otros, se casó de real orden con un caballero denominado Milon.

Otra leyenda alemana canta el amor que tuvo Carlos a una mujer muerta y que un obispo sacó de la boca de ésta una piedra mágica, y cuando se enteró de la pasión del soberano por aquella mujer, arrojó la piedra a una fuente que había en Aquisgrán, lugar al que luego acudió emocionado el monarca. Tan fina historieta no podía por menos de inspirar otras muchas poesías y a ella dieron tributo en su respectivo momento nada menos que Petrarca y el inglés Southey, aparte de diversos autores en prosa.

No todos los matrimonios de Carlomagno fueron felices: abundan en el repertorio de leyendas y cantares de la época chismes y rumores acerca del adulterio de algunas de las citadas esposas o de otras personas que aparecen de modo insolvente como mujeres del soberano. Es difícil desechar la impresión de que la corte y familia de Carlomagno ofrecían un panorama muy accidentado, digno del teatro de vodevil de mil años más tarde. Así se nos aparece la historia del atropello que comete el hermano de Carlomagno, Taland, contra Hildegarda, por el cual es desterrado de la corte y encarcelado. Ella, según aquellas fuentes fantasiosas, peregrina a Roma y se encierra como penitente en un claustro; allí se entera de la desgracia de su amante, implora la indulgencia del emperador y fallece como una especie de santa.

Por el mismo registro, las hijas de Carlomagno dieron pronto ocasión a que surgieran leyendas subidas de color. Parece ser que eran hermosas y dotadas de talento. Su padre las quería mucho y escarmentado porque conocía tan amargamente los peligros de la pasión amorosa, no les permitió casarse. Las quiso tener siempre a su lado y repetía que sin su compañía no podría vivir. Ni sin el cotilleo anexo que acaso le entretenía, porque las jóvenes en cuestión no dejaron de dar motivos a la maledicencia, y es de suponer que parte de ésta llegó a oídos del venerable emperador. Si así fue, tuvo el aplomo y la dignidad de no darlo a entender, según indica su fiel cronista Eginhardo (770-840).

En el siglo siguiente, un rey de Inglaterra que ha llegado a santo, Edgar I (943-975), fue famoso por la diligencia con que daba curso a sus apetitos eróticos. Parece que en su tiempo era costumbre que los nobles en cuya casa les hacía el honor de parar, le ofrecieran la compañía de su hija para la noche. Así le ocurrió en una ocasión a Edgar, y al reunirse con la joven en la alcoba, se dio cuenta de que el discreto señor le había enviado una chica del servicio de su casa, en vez de su hija. Sin embargo, entre el celo obsequioso de esta criada y la prudencia con que el rey quiso evitar mayores bullicios, se conformó con su compañía y ésta le resultó tan agradable que a la mañana siguiente tomó una decisión que por lo menos se puede estimar motivada. El rey dispuso que la casa y la finca fueran dadas en propiedad a la gentil sirvienta y que el señor y la familia de antes pasaran a convertirse en criados de la nueva dueña.

«*De gustibus nihil es disputandum*», escribió una vez Federico el Grande de Prusia al margen de la sentencia que condenaba a un soldado suyo por haber cometido actos impropios de un varón uniformado. No faltan sólidas voces que afirman que el propio monarca estaba en la línea de comprender perfectamente las inclinaciones de su soldado. No era el primer rey en mostrarlas, porque Enrique III de francia (1551-1589) quiso distraerse del modo más radical y rompedor que pudo y se organizó una pequeña corte de *mignons*, a los cuales estimuló a vestirse de los modos más fantasiosos.

Les hacía maquillarse estrepitosamente, teñirse el pelo y perfumarse con intensidad, aparte de que los cargaba de joyas y arrequives. En la corte corrió para cubrir las apariencias la especie de que todo eran fantasías del espíritu artístico y refinado del rey, atento a ornamentar la realidad. Sin embargo, esta última se abrió paso y pronto se tuvieron claras pruebas de que el juego no terminaba en que los hombres llevaran faldas y se pintaran la cara, sino que daba lugar a conexiones mucho más profundas.

En algún momento aislado, Enrique III experimentó accesos de «depre», fue a la iglesia públicamente, se administró penitencias y se exhibió vestido de tela de saco. No pasaba largo tiempo, de todos modos, en tales mortificaciones y volvía pronto a solazarse con sus primeros afectos. En el curso de los tiempos, se fueron añadiendo a aquellos otros gustos de tipo accesorio; por ejemplo, el de tener hasta dos millares de perritos falderos que reunió en el palacio parisiense, atendidos por todo aquel elenco de donceles refinados y sensitivos. El empeño del rey en tenerlos cerca, le obligaba a llevárselos todos si salía de viaje, con lo cual nada cuesta imaginar el pintoresco aspecto que debía de ofrecer la comitiva regia. Como no es posible atender a todo, el rey puso límites a sus fantasías, prohibiendo, entre otras cosas, que se acercara gato alguno a su entorno y lo ejecutó en forma tan radical que le daban desmayos y náuseas en cuanto veía uno.

A los treinta y siete años de su edad, en 1589,

Enrique III fue asesinado por Jacques Clément, dejando Francia convertida en un guirigay, cosa que al propio Felipe II de España preocupaba más que complacía. La seriedad de las situaciones que había generado aquel rey con sus inclinaciones, se puso de manifiesto en casos tan tristes como el del joven L'Isle-Marivault, el cual decidió, para no sobrevivir a su señor, buscar la muerte presentándose en desafío ante cualquiera que no creyese que el asesinato de Enrique III había sido una calamidad nacional. Un poco para discutírselo, y otro poco para exhibirse, otro caballero llamado Marolle acudió al reto, entró en el duelo y mató sin dificultades al triste y desconsolado cortesano.

Para que no se indignen quienes achacan a nuestro concepto de la historia el ser demasiado eurocentrista (olvidando que las historias tradicionales de la China, de Persia o del Japón ignoraban por completo la vida occidental), indicaremos que los desahogos eróticos de la realeza no son exclusivos de los palacios de nuestros meridianos. Por el contrario, abundan mucho más los episodios de esta especie en las demás civilizaciones del antiguo continente. El ejemplo más esplendoroso viene dado por la corte pequinesa de Kublai Khan (1215-1294), el cual tenía por costumbre pasar cada noche del año en compañía de cinco muchachas, las cuales permanecían con él durante tres jornadas; después eran relevadas por otras cinco.

El pertenecer a estas escuadras derivaba de un complicado proceso de selección que empezaba dos años antes del día en que llegaban al lecho imperial. Parece que la mayoría de ellas procedía de la provincia tártara de Ungut, famosa por la belleza de sus nativas. Centenares de ellas eran seleccionadas y remitidas a unos puntos de concentración donde eran examinadas física y psíquicamente con gran detenimiento. Es notable que el examen fuera efectuado por varones, a diferencia de otras técnicas de trilla practicadas en los harenes islámicos donde semejante función era ejercida por mujeres sabias y expertas. Se daba a las chicas unas notas como por quilates –según lo aclara en forma europea Marco Polo–, de modo que, tras haber medido los valores del cabello, la boca, el rostro, la figura, etc., éstos se resumían en una estimación global. Marco Polo, con sus relatos de todas estas hermosuras, contribuyó poderosamente a abrillantar y orientar la imaginación de los magnates europeos.

Practicaba también cuidadosas selecciones de sus compañías nocturnas Catalina la Grande, y tal fue el camino por el cual comenzó a ganar renombre y significación el apellido de Rimski-Korsakov. La zarina no estaba evidentemente dispuesta a admitir en su cama a un cualquiera y antes de que llegara a ella, le hacía examinar en todos sus pormenores morales y materiales. A diferencia de lo practicado en China, en San Petersburgo sí que se estilaba que interviniera una señora en la operación, y ésta, secundada por un médico, tenía el encargo de poner a prueba las cualidades del posible amante de la emperatriz. Durante mucho tiempo ejerció esta interesante función la condesa Bruce, responsable de poner una firma, por decirlo así, en el currículum de los candidatos.

En el año 1777 el joven Iván Rimski-Korsakov, cuyo nieto, con su música, continuaría el honor del apellido, pasó las primeras eliminatorias de aquel proceso, llegó a las manos de la condesa Bruce y ciertamente fue muy bien calificado por ella. Era sargento de la guardia de palacio y la emperatriz convino en que se trataba de un hombre magnífico, optimista, radiante y encantador en todos los sentidos de la palabra. Por desgracia, la intimidad con la zarina no bastó para que olvidara a la condesa Bruce, la cual había sido acaso una de

Atila, «el azote de Dios», vino a morir en su noche de bodas de una prosaica hemorragia nasal.

Tuvo Carlomagno (estatua de la iglesia de San Juan de Müstair) **el infortunio de ver que heredaría su imperio el tercero y menos idóneo de sus hijos, Luis o Ludovico.**

La alquimia, según Brueghel y Erasmo, servía para aligerar los bolsillos de quienes tenían fe en ella. (*El alquimista*, por D. Teniers.)

Algunos de los alemanes que le facilitaron a Lenin (a la derecha) su viaje en el «tren sellado» presenciarían, en 1945, el asalto de Berlín por los soviéticos.

En la batalla de Crécy (1346) la estrategia francesa estuvo marcada por la confusión. Siguió mecánicamente la rutina de siglos anteriores y se encontró sorprendida por el efecto devastador de millares de flechas lanzadas repetidamente por la infantería contra las filas de los caballeros.

Las dimensiones desproporcionadas del *Vasa* (a la izquierda) **—cuyos planos fueron dibujados por el rey Gustavo II Adolfo de Suecia** (a la derecha)**— fueron la causa de que el barco se diera la vuelta en cosa de minutos y se hundiese el 10 de agosto de 1628, llevándose consigo a cientos de tripulantes y de invitados.**

Federico el Grande a sus súbditos en el combate: «¡Venga, gandules, a morir! ¿Creéis que vais a ser eternos?»

The gridiron, es decir, la parrilla, era una maniobra naval que consistía en que los navíos formados en dos hileras de a cuatro, viraran de bordo, se cruzaran y formaran de nuevo dos columnas marchando en sentido contrario. En 1881 al duque de Edimburgo (a la izquierda) le salió bien por los pelos la vistosa operación. Pero en 1893 el almirante sir George Tryon (a la derecha) se hundió con su acorazado y 350 tripulantes al ordenar dicha maniobra frente a Trípoli.

El 22 de setiembre de 1914 el submarino alemán *U-9*, mandado por el comandante Otto Weddingen, comenzó la mañana torpedeando uno tras otro, como en un tiro de feria, a tres cruceros británicos, el *Hogue*, el *Cressy* y el *Aboukir*, con los cuales se fueron al fondo del mar 62 oficiales y 1397 hombres, la mayoría viejos reservistas o grumetes de quince años.

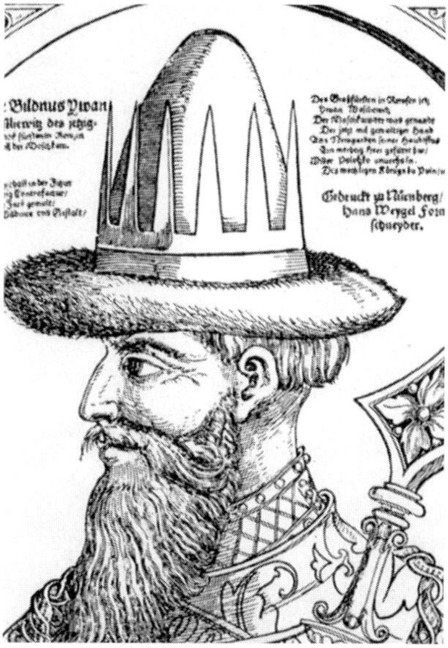

Para que no pudiesen repetir algún edificio tan bello como la iglesia moscovita de San Basilio, Iván el Terrible mandó cegar a sus arquitectos.

En su trapacería, el codicioso Faruk de Egipto llegó un día a robarle su reloj de bolsillo a Churchill: ¡tuvo que devolvérselo!

El secretario de Estado norteamericano William A. Seward patrocinaba una política de expansión mediante compras, conquistas y anexiones. El 30 de marzo de 1867 Alaska sería vendida por el zar a los Estados Unidos por 7200000 dólares.

Catalina la Grande era relativamente austera en la mesa pero atiborraba de comida a sus amantes, con la probable superstición de infundirles de este modo especiales ímpetus.

Temeroso de ser asesinado, el sultán Abdul Hamid II se cubría con un fez forrado en acero, mezclando en sus ropajes planchas y blindajes.

Napoleón era muy ordenado y económico por lo que tocaba a su arreglo privado. Era sobrio y limpio en el vestir, la mayoría de las veces de uniforme, pero su preocupación por la pulcritud le llevaba a cambiarse varias veces al día.

Si alguna mujer ha habido en la historia que represente la obsesión morbosa por conservar la línea, ésta fue la emperatriz Elisabeth.

La pregunta, sin respuesta posible, de un indiscreto reportero español al duque de Windsor: «Alteza, ¿por qué se casó con una mujer tan fea?»

Cuando en 1901 subió al trono Eduardo VII, lo primero que emprendió con fogoso furor fue eliminar hasta la última huella del odiado servidor de su madre, John Brown. (En la foto, éste con la reina Victoria.)

Leopoldo II de Bélgica (a la derecha) **era «un cínico implacable y que desdeñaba al prójimo», según declara el mismo Kaiser Guillermo II.**

La inclinación a la ornitología del archiduque Rodolfo de Habsburgo comenzó en plena infancia y le valió como contrapeso de la vida de palacio que a él le parecía opresiva. (En la foto, con el príncipe alemán Guillermo.)

Felipe de Edimburgo (a la derecha) **al saludar al presidente paraguayo Stroessner: «Es un cambio agradable encontrarse en una nación que no está gobernada por su pueblo.»**

sus primeras experiencias, si no la inicial, en el trato con señoras de altos vuelos.

En definitiva, al cabo de un par de años, la zarina tuvo noticia de que su enamorado había continuado viéndose con la condesa y no quedó satisfecha de la noticia, según no es difícil de concebir. La condesa fue desterrada y sustituida por una vieja alcahueta, la llamada madame Protosova, y Rimski-Korsakov fue también exiliado y relevado por otro émulo.

La Protosova duró muchos años en sus funciones palatinas y, entrando ampliamente en el siglo XIX, seguía en primera línea de la vida cortesana rusa. Se la sitúa en Viena durante las ceremonias y trabajos del célebre congreso de dicha capital, gorda, añosa y cargada de joyas. Su mera presencia basta para sugerir que en tal reunión menudearon las oportunidades de que ella arreglara más de un problema.

«Incestuoso, parricida y, sin embargo, virtuoso...»

Éstas son palabras de Voltaire en su tragedia *Edipo*, con las cuales llevó a su clímax la expectación que despertaban en Francia desde hacía muchos años las sospechosas relaciones entre el duque Felipe de Orleans (1674-1723) y su propia hija, la duquesa de Berry, María Luisa Elisabeth (1695-1719). Ésta había enviudado en 1714 del bondadoso y fofo duque, nieto de Luis XIV. El propio Rey Sol murió en 1715 sin sucesor capaz. Había querido evitar que la regencia pasase a manos de su aborrecido sobrino, el duque de Orleans, pero la autoridad judicial suprema de Francia, el parlamento de París, corrigió el testamento de Luis XIV en este punto, y entregó el cuidado de los asuntos de la monarquía a Orleans.

Llevaba ya éste muchos años creándose enemigos, tanto por el desenfreno de sus costumbres, como por la brillantez de su talento. Se había casado con una hija natural de madame de Montespan y Luis XIV, conocida con el nombre de mademoiselle de Blois, y el rey había tomado como una ofensa personal que desde el principio de su matrimonio, el duque de Orleans hubiera exhibido escandalosamente los más variados amoríos y un régimen tumultuoso de vida. Sea para alejarle de la corte y sus tentaciones o para aprovechar su notorio talento, Orleans fue nombrado generalísimo de las tropas franco-españolas en la guerra de Sucesión, y llegó en 1707 para dirigir la campaña de Almansa. Esta victoria se logró unas horas antes de que se hiciera cargo del mando efectivo, pero él trató de resarcirse luciéndose en las sucesivas operaciones de Levante y Cataluña, entre las cuales sobresalió su toma de la ciudad de Lérida.

Es sabido que la época de su regencia ha dejado fama en la historia de Versalles como especialmente licenciosa y desenfadada, aunque acaso puede resistir la comparación con algunos episodios de los reinados anteriores. No era de envidiar la vida que llevaba el regente: se sentaba ante su mesa de despacho a las seis de la mañana y no terminaba el trabajo hasta la puesta del sol. Después de unas visitas de ceremonia a su madre y a su esposa, la principal diversión que se concedía era ir a reunirse con su hija, la duquesa de Berry, la cual estaba instalada en el palacio de Luxemburgo. Tenía ésta por entonces veinte años y se había convertido, a fuerza de liviandad desengañada, en una muchacha obesa, hinchada, pálida, que quería compensar con el galope de su fantasía la desilusión que le producía la realidad. Gastaba fortunas en el juego –en una sola noche perdió el equivalente a varios millones de la actualidad– y en mantener el desatinado tren de su casa, dotada de una compañía de sesenta guardias, cuyos oficiales se iban turnando en acompañarla en sus estragadas noches.

Aparte de esta rutina que se daba ya por automática, la infatigable duquesa de Berry se procuró sucesivamente varios amantes públicos: el más famoso fue un llamado señor de Riom personaje de aspecto desagradable y fastidioso cuyo éxito sólo se explicaba en función de unas legendarias habilidades nocturnas. De día, Riom se excedía en humillar y maltratar a su enamorada. En 1717, la extraña pareja contrajo nupcias secretas.

Lo deprimente de los restantes aspectos de su vida dio más margen de atrevimiento al regente Orleans y a su hija para permitirse una intimidad que la cínica corte fustigó. Al mismo tiempo la hija del regente no se daba reposo en organizar fiestas (alguna de ellas integrada, por fortuna, en el esplendor literario y artístico de la época), y en permitirse extravagancias de todos los géneros. Una de éstas, digna de formar capítulo aparte, fue el participar, junto con el embajador de Felipe V en Versalles, Cellamare, en una conspiración estrafalaria que acabó desairadamente. Se integró esta cábala en los confusos y desordenados sentimientos de Felipe V respecto de Versalles, ora nostálgicos, ora adversos y coléricos. Entre las dos cortes se registró una morbosa relación de amor-odio que estalló a la postre en una guerra abierta, en 1719, una de las decisiones más furiosas y destempladas tanto del rey de España como del regente Orleans.

En la misma temporada, la duquesa, su hija, estaba protegiendo a Voltaire, que daba los últimos toques a la tragedia *Edipo*, la cual hemos mencionado al comenzar. Todo el mundo sacaba punta a esta antigua historia de incesto y crimen y esperaba con impaciencia que se pusiera en escena y que, como era obligado esperar, el regente y su hija asistiesen a la representación.

En el Théâtre Français se estrenó el 17 de noviembre de 1718 la obra de Voltaire, cuyos versos fueron creciendo en tensión y retumbo ante la expectación de una sala que tenía los ojos más puestos en el regente y su hija que en el drama que se mostraba en el escenario. Para capitalizar mejor el éxito, el primer actor no vaciló en un momento dado en volverse hacia Orleans y clamar, dirigiéndose a su palco, el verso que hemos puesto en el título de este capítulo: *Inceste et parricide et pourtant vertueux.*

Hubo hielo en la sala y todo el mundo quedó petrificado. El regente devolvió la respiración a la concurrencia rompiendo a aplaudir con entusiasmo con sus manos enguantadas de blanco. Más aún, llamó a Voltaire al final de la representación, le felicitó, le saludó con especial afecto y le concedió una pensión de dos mil libras. El autor, que acababa de salir de una temporada de prisión en la Bastilla, le respondió con sonriente calma:

–Agradezco a vuestra alteza real que siga interesándose en mi alimentación, pero le ruego que deje de ocuparse de mi residencia.

En esta misma temporada, la hija del regente añadió sal y pimienta a la situación, tolerando abiertamente que su esposo Riom encontrase una amante fija en una llamada madame de Mouchy. Más difícil todavía: la hija del regente dio a luz una niña, la cual centró todas las murmuraciones de Europa. Nadie tuvo piedad de que su madre estuviera a las puertas de la muerte y añadiera redobladas convulsiones y singulares alaridos, debidos a su delirante situación, a los propios del parto. Vinieron reconciliaciones, alegrías crepusculares y, en suma, el decaer lento y doloroso de una enferma que no sabía ya qué otra cosa pedir a la vida.

Descolorida, deforme, debilitada por sangrías y purgas, incierta entre vértigos y cóleras, errabunda desde el furor al sopor, la hija del regente fue apagándose, asistida con especial y extraña diligencia por madame de Mouchy, cuyo papel en la alcoba de la enferma estaba vigilado por todas las chismosas de la corte. No acabó de concretarse la sospecha de que la dolorida princesa estuviera siendo envenenada. Bastaba con el cambio incesante de médicos, pedantes y dogmáticos, para explicar su creciente desvalimiento.

Uno llamado Chirac, que venía a ser el de cabecera, encolerizado por tanto entrar y salir de otros colegas, resolvió tomar el mando de su curación y administrar a la enferma una vigorosa purga que la mató, tal que el 20 de julio de 1729, a sus veinticuatro años de edad. Vivía todavía la madre del regente y comentó la desolación que se apoderó de éste al encontrarse solo en medio del piélago turbulento de Versalles y privado de su único amor apasionado: el de su hija.

Dos bodas borbónicas infortunadas

Entre las muchas tropelías cometidas por la reina María Luisa, esposa de Carlos IV, merece relieve su descomedida prisa en casar a dos de sus niñas, después de haberlo logrado con la segunda de su progenie, Carlota Joaquina, que el 9 de julio de 1785 había enlazado con el rey Juan VI de Portugal. Es forzoso atribuir tal desasosiego a sus oscuros celos y recelos contra que estuvieran sus hijas en palacio, lucieran en él y acaso se enterasen mejor de lo que no habían de saber; por ejemplo, las relaciones de Manuel Godoy con la reina.

Esas dos princesas eran María Amalia, la cuarta de los hijos de Carlos IV y María Luisa, nacida el 10 de enero de 1779; y María Luisa, la sexta, nacida el 6 de julio de 1782. No eran bonitas pero sí agraciadas, sin la expresión rara de la reina ni su mandíbula inferior que parecía felina y sus ojos punzadores como los de una bruja. En cambio, habían heredado la belleza escultórica de María Luisa, con cuerpos que parecían torneados por un cincel prodigioso.

Las niñas se había educado descuidadamente. La reina comenzaba a temer su compañía y la esquivaba. Escuchaban las murmuraciones de damas y azafatas y llegaron a formarse una noción exacta del papel que Godoy desempeñaba en la corte. María Amalia, que de niña fue traviesa, comenzó a padecer ensimismamientos y a sentir una extraña ojeriza contra Godoy, el cual hacía cuanto le era posible para festejarla. María Luisa era alegre y alocada y le costaba gran esfuerzo guardar las conveniencias y no digamos la etiqueta palatina. A Godoy lo amaba como a un padre –dejémoslo así–, se arrojaba a su cuello y lo abrazaba y besaba tiernamente. Un día María Amalia respondió a una observación de su madre con ásperos reproches, y poco después sorprendió al rey con gestos y tacos que sólo de un carretero podía haber aprendido. ¿Con quién se relacionaba?

La reina no tuvo otra preocupación que librarse de la presencia acusadora de María Amalia y poner término a los desbordamientos de María Luisa. Así adelantó un proyecto que ya había sido estudiado y convenido con la corte de Parma, donde reinaba el hermano de la reina de España: casar con el hijo de éste a la malhumorada infanta.

Al finalizar 1794, el príncipe Luis de Borbón se presentó en Madrid, esperado con ansia. Era de aventajada estatura, gallardo y no mal parecido; serio, ceremonioso y afable. Su tía le recibió con cordiales agasajos. A los pocos días había ya intimado con Godoy extremadamente. Pronto se comenzó a advertir que el príncipe heredero de Parma era tonto de solemnidad y padecía ataques de epilepsia y que lo que al comienzo pareció empaque etiquetero era sencillamente torpeza de sus articulaciones, que anunciaba para no mucho más tarde una parálisis. Vivía bajo el imperio de varias manías y la más curiosa era creerse botánico eminente. Repetía que deseaba regresar a su reino para terminar una «Flora de Parma, Plasencia y Guastalla».

María Amelia estaba muy gozosa con su prometido, tan corto de entendimiento, pero comenzó a susurrarse un extraño cambio. El príncipe Luis tuvo largas sentadas con Godoy y al cabo de ellas se divulgó que María Amalia no era del agrado del novio de Parma. En cambio, éste se había enamorado perdidamente de María Luisa que andaba todavía por los claustros del Escorial vestida de niña. María Amalia, que soñaba con la boda como con una liberación y esperaba huir del lado de su madre y verse en Parma princesa y luego reina, estuvo a punto de morirse del disgusto. Para no turbar la alegría de la corte se aficionó a recluirse en las habitaciones que ocupaba el hermano del rey, su tío don Antonio Pascual, que frisaba ya en la cincuentena, solterón aburrido, que era menos imbécil de lo que su abotargada faz aparentaba y la gente creía. Y allí, de sobrina atribulada se convirtió en novia contenta y hasta enamorada, que hubo que casar a los pocos meses, acaso por no haber más remedio, el 25 de agosto de 1795. Pesarosa de la tontería que había hecho, falleció a los diecinueve años de edad, el 27 de julio de 1798. Su soso –y astuto– esposo no murió hasta 1817, tras haber acompañado a Fernando VII en la cautividad de Bayona, entreteniéndose, como éste, en hacer bordados y rezar rosarios.

Es forzoso recordar los ridículos nombramientos que había hecho la corona en favor del infante Carlos, hijo del rey, que no había sido nunca militar, para generalísimo de las tropas; y el de este infante don Antonio Pascual, que jamás se había embarcado, para almirante de la Armada. El propio infante Carlos solía comentar tontamente: «A mí, por tierra, y a mi tío, por mar, ¡que nos entren!» Pero todavía subió de punto el abuso, promoviendo protestas de realistas tan acendrados como el marqués de Miraflores, cuando vino el nombramiento del propio infante Antonio para doctor *honoris causa* de la Universidad de Alcalá. El futuro Fernando VII le llamaría, en chunga, «mi tío el doctor».

No fue mucho más afortunada María Luisa que su hermana. Niña de trece años, se vio desposada en Aranjuez, el 25 de agosto de 1795, con un marido de veintidós años y gentil apariencia, pero a quien la pasión de la botánica bastaba para no dejar espacio a otro amor en su alma de cántaro. Godoy temió dejar salir de España a aquella pareja insólita, por lo menos hasta que ella fuese mujer granada, y convenció al príncipe de Parma de que Extremadura estaba necesitada de que se estudiase su flora. Aun era posible que en sus sierras se encontrasen especies nuevas, cuyo descubrimiento le daría fama. Y allá fue la gentil pareja, alejada de la corte por la reina y Godoy, cada uno por sus razones.

La infanta mostró pronto una curiosa semejanza con su madre en cuanto a guardar las formas externas a la vez que se reía del mundo en privado. Muchos extremeños de buen ver conocieron sus favores. Pronto Godoy recibió cartas de amigos y familiares suyos de Extremadura, poniéndole en autos de lo que ocurría: apenas amanecía, el príncipe se marchaba al campo seguido de sus servidores, buscando hierbas y haciendo reír a las gentes que le tomaban por loco. Entretanto, su esposa se aburría en los aposentos, corría por donde se le antojaba y detenía a los labriegos y trajinantes y a los mozos, departía con ellos y los incitaba.

Tuvo Godoy gran enojo con estas nuevas, y mandó a los príncipes que regresasen. La reina

María Luisa había discutido con Manuel agriamente. El caso fue que cuando los príncipes volvieron, Luis parecía haber envejecido diez años y ella se había transformado en una linda mujercita. Fue en 1801 con su marido a reinar en Parma hasta que murió este rey, Luis I de Etruria, en 1803 y ella se constituyó en regente de tan fantasmal monarquía. Tuvo dos hijos; uno, Carlos, dio en hacerse llamar Luis II de Etruria. Ella vivió fatigada por mil desventuras. Napoleón la expulsó de su reinito. María Luisa fue con sus padres a Roma y los acompañó hasta la muerte, con Godoy al lado. Tuvo con éste siempre franqueza sospechosa, pero ¿qué alegrías compartirían los pobres? A España no podía volver: no sólo se llevaba muy mal con Fernando VII sino hasta con la *vox populi* que adivinaba en ella relaciones indemostrables.

La alusión a Godoy nos lleva a recoger un documento firmado por el hermano de éste, Diego, que era coronel de guardias españoles hasta 1808 en que la familia cayó en el abismo. Para exculparse ante don Manuel Francisco de Jáuregui, que le defendió como pudo, ese otro Godoy le pone una carta donde deja verdes a diversos oficiales de dicho cuerpo, tan cercano a las reales personas. Dice así, entre otras frescuras: «Saturnino Uribarren, guardia de corps, carece de la calidad de noble para pertenecer a tan ilustre cuerpo; Nicanor Santiesteban es hijo bastardo del conde de Salvatierra, habido en la célebre naranjera llamada "la Polaca", que tenía su puesto frente al convento de las Monjas de la Concepción. Educóle la cocinera del conde, el cual, amenazado por el bastardo con una pistola, le dio el apellido que lleva e imploró el favor de mi hermano el Príncipe de la Paz para que ingresase en el Cuerpo de Guardias que deshonra; Evaristo Camargo es ladrón o ratero de un reloj de doble tapa con repetición que robó a su misma novia durante los ejercicios piadosos que se celebraban un Viernes Santo en la Real Capilla, robo descubierto por el marqués de Cerralbo, joven pundonoroso que, indignado, le quiso estrangular en una casa de juego, y mi hermano pudo disuadir al marqués para que no recayese la mancha en el Cuerpo. Hoy sostiene relaciones ilícitas y hasta escandalosas con la célebre bailarina la Fernanda, que tanto se distinguió en el gran baile de *Céfiro y Flora* en el coliseo del príncipe. Fue motor del gran escándalo promovido en el coliseo de la Cruz la tarde que se estrenó la comedia *Los siete infantes de Lara*. Éstos son, don Manuel Francisco de Jáuregui, los méritos de esos bellacos que me han injuriado con todo linaje de denuestos.»

La misiva fue entregada por Jáuregui a Fernando VII, ya rey, por la abdicación de su padre y el único comentario que se le ocurrió fue: «Dile que otra vez que te escriba no lo haga con renglones tan torcidos.»

Don Natalio Rivas publicó esta abigarrada carta, muestrario de las trampas que abundaban en la vida de la corte.

Los desastres de la gula

Los desastres de la gula, mucho mayores que los de la guerra pintados por Goya, abundan entre los poderosos de la historia en forma que desafía al análisis logicista de la posteridad. No se acaba de explicar, efectivamente, por qué razón ha de haber apasionado tanto a gentes omnipotentes el concederse los toscos placeres de una mesa a menudo vulgar y empachosa. Acaso era ésta en su día una señal de poder, equivalente a tener libre suministro de complacencias eróticas.

Para no entrar en el mareante repertorio de excesos gástricos vividos por los magnates de la antigüedad, nos concentraremos en la Europa posterior. Abrimos sus anales con la muerte, sobrevenida en 1135, del rey Enrique I de Inglaterra, el cual llevaba el sobrenombre de León de la Justicia, difícil de compaginar con su muerte dramática en el curso de una indigestión de lampreas. Al parecer, de regreso de una cacería, el monarca se mostró ganoso de comer una partida del pescado al que era muy aficionado, a pesar de los consejos de los médicos. El cronista Henry de Huntingdon anota con prebritánica solemnidad que «dicho ágape le causó humores perniciosos y excitó violentamente unos síntomas coherentes con ellos, causándole una perturbación repentina y extremada, dentro de la cual su cuerpo ya anciano se hundió en un torpor mortal, reaccionando contra el cual su naturaleza generó una fiebre aguda en su esfuerzo por librarle de la losa opresiva que pesaba sobre él».

El ejemplo siguiente que recordaremos está situado en el otro extremo del mundo conocido por los viajeros usuales: se trata del sultán turco Selim I (1524-1574). Dícese de él que estaba permanentemente borracho. Aun así, parece que se mostraba exigente y exquisito en los líquidos que demandaba; principalmente, según consta, el vino de Chipre. En cierto momento, se dio cuenta de que sus bodegas mostraban escasez de este producto y, dado que la isla en cuestión estaba en manos de los venecianos, determinó apoderarse de ella, para lo cual tuvo que emprender una difícil y sanguinaria campaña. En el curso de la misma se registró la matanza de treinta mil habitantes de Nicosia y el laborioso y mortífero asedio de la plaza de Famagusta, defendida heroicamente durante dos años. Apenas hubo resuelto sus carencias de vino por un sistema tan estrepitoso, el sultán se halló privado de beberlo en paz porque Venecia, España y la Santa Sede se aliaron para hacerle frente y le embistieron en Lepanto (1571). Aun así, no llegó por tan grandiosos caminos el acabamiento de las exuberancias vínicas del sultán: simplemente, resbaló en el baño, dio con el cráneo en el fondo de él, y se murió.

Si este ejemplo turco presta colorido a los finales del siglo XVI, hay otro danés que se proyecta sobre la primera mitad de la centuria siguiente. Hablamos del rey de Dinamarca Cristian IV (1577-1648), del cual se decía que se tomaba unos treinta o cuarenta vasos de vino en una noche. Se fundaba para perseverar en esta costumbre en un dicho de los médicos de su país que afirmaba que no hay nada tan bueno para un hombre como emborracharse totalmente una vez al mes, práctica que, según parecía, purgaba de líquidos y humores malignos. El rey Cristian estaba tan orgulloso de su firmeza en tales rutinas que las apuntaba en su diario donde constaba con una cruz el día en que tenía que ser llevado entre varios a la cama y con dos o tres cruces, las exageraciones que eventualmente podían añadirse a este nivel mínimo de cumplimiento.

Saltaremos una retahíla de casos menores para aterrizar en el de un monarca singular: el rey de Polonia Estanislao I Lesczynski (1677-1766). La trayectoria vital de este monarca polaco testimonia que algunas de las desgracias de su sufrido país no le han venido precisamente de sus incómodos vecinos, sino desde el interior. Tan grandes fueron los estropicios cometidos por este soberano que en el año 1709, después de que gobernase solamente un lustro, los polacos determinaron librarse de él y mandarle a freír espárragos, que es una manera culinaria de despedir a un indeseable.

Motivo de esta decisión fue el volumen grandioso de personal que había contratado en su corte para dedicarse a los más vaporosos cometidos y engendrar, mediante el mutuo y parkinsoniano entretenimiento de los empleados, un bulto insoportable de ocurrencias y gastos. El rey Estanislao emprendió el amargo camino del exilio, en el curso del cual se vería asistido por una ventura tan notable como fue el convertirse en suegro del rey Luis XV de Francia. Con la simpatía de éste, el personaje se instaló en Lorena, cuya soberanía se le concedió. Como llevaba vida de exiliado sometido a restricciones, se abstuvo de contratar a un contingente de empleados que superase demasiado el número de quinientos; en esta tropa se comprendían cuatro secretarios particulares, doce ayudas de cámara, treinta y un porteros, cuarenta y un jardineros, sesenta y tres músicos y dieciséis gentileshombres de cámara. Diecisiete arquitectos trabajaban también para él y reconstruyeron con fantasía y esplendidez la ciudad de Nancy donde él moraba, no siempre con el aplauso de los naturales, que preferían el aspecto serio y añejo de la ciudad antes que las monadas preciosistas que acumularon los artistas de la corte.

Dentro del repertorio de magnificencias del ex rey Estanislao figuraban evidentemente las de la cocina, gestionadas por veinticuatro cocineros, cuatro pasteleros, siete botilleros y otros diversos auxiliares de la mesa. Estanislao se las daba, como tanta otra gente de menos rango, de entender en vinos y aun de cosechar algunas modalidades refinadas. Ha dejado para la historia alguna receta de cocina ligeramente chocante: por ejemplo, un guiso de ganso que había que preparar desplumando el ave en vida y luego matándola a latigazos, requisitos indispensables de su tránsito a la cazuela. La providencia le deparó una muerte relativamente congruente con estas chuscas ideas, puesto que, cuando él tenía ya ochenta y nueve años de edad, se le encendió una noche la camisa de dormir y al tratar de apagar las llamas se dio golpes tan vigorosos que acabó perdiendo el sentido y cayendo en medio del fuego donde pereció.

Los Borbones de Versalles han dejado fama de gula y exceso en la mesa, una vez más convertida en escenario de la magnificencia que se atribuía la persona regia en su perpetua exhibición ante la corte y el reino. Aun padeciendo Luis XIV de gravísimas dolencias en la boca y en todo su sistema digestivo, hacía honor a la copiosa cena que se le ofrecía cada día con un repertorio mínimo de cuatro sopas diferentes, varios guisos de ave, del calibre de un faisán entero, por ejemplo; abundantes ensaladas, voluminosas porciones de carne, por ejemplo un cuarto de cordero o cosa parecida, jamón y abundantes muestras de la habilidad repostera de sus confiteros, así como frutas y cualesquiera otras fantasías en las que sus servidores culinarios no descansaban. A todo esto hay que añadir que se le preparaba en el dormitorio un bufet frío por si a medianoche se sentía desmayado. Curiosamente, el rey, cuando no tenía otros motivos para pasar una noche inquieta, decía que padecía de pesadillas y visiones. Justo es matizar que entre los defectos de la dentadura, la observancia del protocolo y la actitud distante del monarca, la magnitud de la oferta que tenía en su mesa no iba pareja al consumo que él hacía de comida.

Acaso producía más estragos en la mesa Luis XV, dejando a un lado la enorme dosis de teatralidad que contenían también sus apariciones en el comedor regio. Uno de los números que se complacía en representar consistía en desmochar con un diestro golpe único los huevos pasados por agua, a los cuales era muy aficionado. Curiosamente, nuestro Carlos III, que tenía muy poco en común con su primo francés, se complacía en análoga exhibición de destreza en su mesa de Madrid.

Luis XV no se desdeñaba en su corte de bajar a la cocina y prepararse una tortilla dando lecciones a los profesionales, o poniendo al fuego una cafetera o consumiendo unas copas de champán o tomando cualquier otra *friandise* que le apeteciera entre horas. Se dice que su esposa, María Lesczynska, era igualmente glotona y en sus fantasías culinarias se mostraba al mismo nivel de su padre polaco. Evidentemente, huelga decirlo, la Pompadour y cualesquiera otras señoras que quisieron entretener a sus respectivos cortejadores de modo satisfactorio tuvieron que cavilar extraordinariamente en aquella época, para inventar y preparar platos que estuvieran a la altura de sus esperanzas.

Menos exigente se mostró Luis XVI, el cual se limitaba a comer cualquier cosa, aunque fuera una manzana que escondía en el bolsillo y que iba mordisqueando detrás de las puertas, o un pedazo de pan que le arrebataba al primero que pasara, incluso esto último cuando estaba preso y rodeado de enemigos. En estas mismas horas postreras, tan trágicas, Luis XVI no perdió el apetito y sus carceleros no se mostraron tacaños en tal renglón, puesto que le atendieron en términos que cualquiera de nosotros no estaría en situación de asumir: una vez más reaparecieron en su prisión las tres o cuatro clases de sopa, las dos entradas, los dos asados, los entremeses, el champán, etc.

Por lo demás, un siglo antes, Pedro el Grande de Rusia había puesto muy alto el listón de estas hazañas gastronómicas, y consta así que en 1698, durante su visita a Inglaterra, él y su séquito se comieron en una cena buena parte del costillar de un buey, un cordero, un cabrito, gran parte de una ternera, pollos, conejos; se bebieron tres docenas de botellas de vino blanco, una docena de clarete y comieron pan y los demás complementos a proporción, cosa que no les impidió, a medianoche, solicitar siete docenas de huevos con ensalada y comerse para desayunar medio cordero, gran cantidad de otro, veintidós pollos y la adecuada dosis de vinos y aguardientes para acompañar. Cuando estaba en su corte de Rusia, abundaban en su mesa el caviar, las sopas cargadas propias del país, el arenque, el lechón relleno, las especias y conservas picantes, las ostras, el queso fuerte y un surtido de vodkas, aguardientes, vinos y cervezas capaz de marear con la sola lectura de los títulos.

Para no salir de la corte de los zares, bastará con observar, usando la discreción que merece un tema tan íntimo, que Catalina la Grande era relativamente austera en la mesa pero atiborraba de comida a sus amantes, con la probable superstición de infundirles de este modo especiales ímpetus.

Este repertorio de desgracias golosas puede acabar con la recordación de dos soberanos británicos de época no muy remota, los cuales se distinguieron por particular extremosidad en tal materia. Dícese así que el rey Jorge IV (1820-1830), una noche cualquiera, en las semanas finales de su vida, se tomó varios vasos de ale, luego otros de clarete, unas fresas y un aguardiente. Los contemporáneos, aunque conocían que los excesos de Su Majestad eran más bien de cantidad que de calidad, no dejaron de achacar su pronta muerte a la mezcla de las fresas con el ale. «¡Dios mío! ¿Qué me pasa? –gritó el rey y añadió con sagacidad–: Esto debe de ser la muerte», y al poco rato expiró.

Su descendiente Eduardo VII (1841-1910) derivó muchos de sus inventos indumentarios de la preocupación que le causaba su obesa y grasienta figura, como decimos en otro pasaje. No era para menos, porque el monarca consumía diariamente enormes cantidades de sólidos y líquidos. En un día cualquiera, viviendo en el campo, era capaz de desayunarse con huevos con tocino, pastel de carne, pollo y repostería, y tomar las once con sopa, y al mediodía almorzar copiosamente; a media tarde, tomar el té con huevos revueltos y pasteles calientes y fríos, y cenar al atardecer una minuta de doce platos, prolongada con fantasías variadas. Como hemos dicho de otros colegas suyos en la realeza, también se le disponía en el dormitorio un bufet frío por si estaba desfallecido a medianoche, y él a menudo tenía motivos para estarlo. Por lo demás, ya ni se mencionan los tentempiés en que consumía varias docenas de ostras, sus comidas de cacería y cualesquiera ocasiones extra en que le daba la fantasía de tomar carnes rellenas en varios pisos, de animales metidos unos dentro de otros con todo su acompañamiento de vinos y aguardientes.

Se atribuye a este soberano, entre otros muchos hallazgos de toda clase, el invento de los *crêpes Suzette*, cuando saltó en auxilio del *chef* parisiense Henri Charpentier a quien se le incendió en la mesa un postre de licor que estaba preparando. El príncipe Eduardo tuvo la habilidad y la flema de recomponer la pasta en llamas hasta darle la forma de los conocidos dulces actuales.

El rey loco de Dinamarca en la época de los reyes locos

El caso del rey Cristian VII de Dinamarca y Noruega (fallecido en 1808) nos interesa especialmente por dos razones: primera, desde nuestra atalaya española, para sonreírnos sardónicamente de la fama de civil sosiego que atribuimos desde el sur de Europa a las monarquías del norte de ella, cuando en realidad hasta hace cuatro días las mismas fueron escenario de desvaríos y agitaciones más sanguinarios que los ocurridos entre nosotros. Asusta pensar qué no dirían los tratados extranjeros de historia acerca de la de España si en ella hubieran ocurrido los sucesos que vamos a resumir ahora muy por encima. En segundo término, es curioso y sugestivo observar cómo la época de la Ilustración, tan rica en soberanos talentudos, virtuosos y trabajadores, lo es también en reyes que están locos de remate, por lo menos durante prolongadas etapas de su vida: se cuentan entre ellos nuestros Felipe V y Fernando VI, Jorge III de Inglaterra, el rey Cristian VII de Dinamarca que vamos a considerar, Pablo I de Rusia y algún lote de príncipes y soberanos balcánicos y danubianos cuyo nombre apenas conoce el público, y hace muy bien.

El rey de Dinamarca y Noruega que nos ocupa subió al trono en 1766 y se caracterizó por lo descuidado y perverso de su educación, buena parte de la cual corrió a cargo de cortesanos y pajes, los cuales se divirtieron en enseñarle todo lo que al resto de los mortales se nos suele prohibir. No fue raro para nadie que, apenas mozo, el rey mostrara un completo desorden de razonamiento y actitud. Se casó, poco después de subir al trono, con Carolina Matilde, hija del príncipe de Gales. Congenió con ella tan poco como muchos de los matrimonios de la casa real inglesa en aquella época y en otras.

Acaso para distraerse de los rifirrafes hogareños, y de paso culturizarse y exhibirse, se dio una vuelta por Europa, y a su regreso, en el año 1769, todo el mundo echó de ver que el viaje y sus aparentes estudios sólo habían servido para acabar de enloquecer a Cristian VII. El año anterior había nacido su hijo Federico, que le sucedería en el trono como VI de su nombre. No puede pasarse por alto una alucinante costumbre que imperaba en la corte danesa en aquel tiempo: los bebés regios habían de ser criados, y hasta amamantados, por todas las damas de palacio que estuvieran en condiciones físicas de hacerlo, siguiendo un estricto turno, cosa que condenaba al crío a pasar de regazo en regazo. En el caso concreto de éste, con el padre demente, además, quedó esbozada la más desbaratada de las crianzas.

Tal como la enfermedad del zarevich Alexis propició en San Petersburgo la entrada en palacio de Rasputín, la anarquía que caracterizaba a la corte danesa dio ocasión a que se introdujera en ella un médico de origen alemán, llamado Juan Federico Struensee, pedante, ordenancista, inflado de preceptos dogmáticos: entre otras rigideces, implantó la de que el joven príncipe se diera dos baños fríos cada día e hiciera mucho ejercicio. Poco tiempo después, Struensee pasó de reglamentar la crianza del niño a llevar el despacho del gobierno, y de esto evolucionó a consolar, aconsejar, acompañar y, a la postre, amar a la reina abandonada por su loco marido. Dueño de los resortes del gobierno y del manejo de la real casa, Struensee, ilustrado de pro, se dispuso a modernizar y remodelar el país.

El poder omnímodo no le duró más allá de diez meses, los finales del año 1771. Abolió en ellos la tortura judicial, liberó a los siervos, fundó escuelas, implantó la libertad religiosa en un país fanáticamente protestante, reprimió la omnipotencia de la nobleza y otras novedades que a la larga acabaron desafiando a los propios intereses fundamentales de aquella sociedad.

Éstos se dispusieron a acabar con el ministro. La reina madre, Julia María, arrancó a su hijo demente una orden de detención contra la reina y su ministro-amante. Struensee y la soberana pasaron a la cárcel, junto con un médico, el doctor Brandt, que había velado por sus asuntos. Aunque el propio Struensee la había acabado de abolir, conoció con desengaño y dolor la tortura, a la cual fue sometido para que confesara ser amante de la reina. Pocas semanas después, Struensee y Brandt fueron condenados a que se les cortara la mano derecha y luego se los decapitara y descuartizara, sentencia que se cumplió.

La infortunada reina contaba entonces veintiún años y estaba condenada a permanecer encerrada de por vida en la fortaleza de Kronborg, a ver si se le aparecía, en son consolatorio, el fantasma del padre de Hamlet. Aun cuando los reyes británicos de su familia no brillaron en general por su culto a los afectos, Carolina Matilde tuvo la suerte de que su hermano, constituido en rey de Inglaterra con el nombre de Jorge III, la hiciese libertar y trasladar al territorio de Hannover, en Alemania, de donde procedía la dinastía, la cual conservaba tal posesión.

La reina de Dinamarca se reunió allí con una princesa de su sangre tan infortunada como ella: nos referimos a su bisabuela, Sofía Dorotea de Celle, que había sido esposa del rey de Inglaterra Jorge I. Había sostenido en Alemania un amor novelesco y borroso con el apuesto caballero Felipe de Koenigsmark, al que su marido hizo matar. Sofía Dorotea quedó presa en una fortaleza alemana hasta su muerte, muchos años después. La reina de Dinamarca falleció sólo tres años después del trance que hemos señalado.

Todos estos sucesos, y algunos más, fueron evocados en sus cartas y papeles por el venezolano Francisco de Miranda, cuyo viaje a Rusia y Suecia hemos señalado en otros apartados. Miranda reseñó una serie de particularidades curiosas e instructivas del reino danés. Una de ellas fue que por culpa de un perro el celebérrimo astrónomo y filósofo Tycho Brahe (1546-1601) tuvo que exiliarse. Cierto día que un ministro fue a visitar al sabio, el perro de éste le ladró y el ministro dio una patada al animalito. Su dueño protestó enérgicamente y el ministro se enfadó y juró ocuparse de la ruina del filósofo, cosa que logró con la facilidad con que suelen ser arruinados los sabios por los políticos. En este caso, el ministro sólo logró la mitad de sus deseos: Tycho Brahe salió del país, pero fue acogido por el emperador Rodolfo II en Praga y tuvo por ayudante nada menos que a Kepler.

Un aspecto muy interesante de la corte danesa, y en concreto de su hermosa biblioteca real, es la amplia presencia de las letras españolas en la misma. Desde el siglo anterior estaban de moda en ella, y sigue constando así cuando se visita el palacio real de Copenhague y se ven, inesperadamente alineados en multitud de lujosos armarios, centenares de libros significativos españoles. Varios soberanos daneses fueron sucediéndose en el interés por ellos, mantenido hasta hoy. Esta presencia de la cultura española en la antigua corte de Dinamarca se debe a la huella que dejó allí nuestro embajador don Bernardino de Rebolledo, en la época de Felipe IV, convertido en mentor y orientador del gobierno y del ejército de Dinamarca en circunstancias muy apuradas.

El hijo del antiguo rival de Struensee, el conde Bernstorff, fue luego canciller del reino y lo llevó prácticamente a solas, puesto que el rey demente permaneció totalmente apartado del gobierno hasta que murió en 1808, en plenas guerras napoleónicas.

Inventos de la ociosidad y la ignorancia

«La ociosidad es campo franco de perdición, arado con que se siembran malos pensamientos», escribe Mateo Alemán, en su *Guzmán de Alfarache*, frase que se puede poner en conexión con otra de Vélez de Guevara que dice: «Es la ignorancia inventora y amiga de cosas nuevas» *(El diablo está en Cantillana)*. La historia de los palacios reales abunda en conductas y sucesos extravagantes generados por el ocio y la inclinación de sus moradores a llenarlo con actos insólitos. Así le ocurrió al rey de Dinamarca Juan II (1455-1503), el cual era tan inclinado a comportamientos discutibles que ya le habían echado de Suecia, donde también había reinado hasta que le remitieron al país de Hamlet.

En cierta ocasión ideó celebrar en éste una representación de la Pasión del Señor. Había allí como en muchas partes de España y otros lugares, afición a representar los misterios de la Pasión con la ayuda de actores voluntarios e improvisados. Parece ser que el que hacía el papel del soldado Longinos, el cual según se sabe ha de dar una lanzada al costado de Jesucristo en la cruz, exageró el entusiasmo o quizá quiso cobrarse deudas atrasadas o todo junto. El caso fue que le asestó al infortunado personificador de Nuestro Señor un lanzada verdaderamente asesina, la cual causó pleno efecto, tanto que el crucificado no sólo murió en el acto sino que cayó de la cruz estrepitosamente a las tablas.

El suceso, como era de temer, produjo gran revuelo en el escenario: Longinos optó por echar a correr, huyendo de allí, pero al hacerlo tropezó con la Virgen María y la hizo caer por los suelos; intervino san Juan para auxiliar a ésta y regañar a Longinos, y el matador se trabó en pelea con el Evangelista. En definitiva, la representación degeneró en un tumulto espantable para escándalo y confusión de los espectadores, tanto que el propio rey Juan se creyó obligado a participar en la escena: desenvainó la espada, saltó al escenario y decapitó a Longinos. Excitados los demás por espectáculo tan cruento, quisieron hacer pedazos al monarca en el curso del creciente desorden.

Más inofensivas fueron las aficiones del sultán turco Ahmed III (1673-1736), el cual se especializó en el cultivo de tulipanes. Esta pasión fuera de Holanda parece un tanto inadecuada, pero, por alguna razón ignorada, el Comendador de los Creyentes no vaciló en rivalizar con aquel país en la búsqueda de la excelencia tulipanil. Cada año se hacía traer de Holanda o de donde fuera, decenas de millares de bulbos, los plantaba en sus jardines, los cruzaba y manipulaba, y en cierto momento presumió de contar con mil doscientas variedades de la vistosa flor.

Para pavonearse con el éxito, organizaba cada abril una fiesta del tulipán, en la cual exhibía ramos, jarrones, macetas y parterres donde los mismos resplandecían alternándolos con el alarde de toda clase de preciosidades artísticas. El sultán era tan exquisito que prohibía a los visitantes que acudieran vestidos de colores que no combinaran con los de las flores. El coste de unas manifestaciones tan rebuscadas era tan grande que los notables del Imperio otomano echaron por la calle de en medio y expulsaron al soberano.

Dentro del mismo siglo se desarrolló un episodio antagónico con el anterior, porque predica un grado triplicado de arrogancia. Convendrá el lector en que se merece esta acentuación la referencia a un duque de Kent (1767-1820) que fue general y gobernador de Gibraltar. En la historia se le conoce usualmente como padre de la reina Victoria, pero este glorioso título no debe dejar en la sombra que llevó una vida escandalosa con una querida francesa que le duró muchos años. Vivió siempre en un tren esplendoroso a base de deberlo todo. Por este sistema se montó una residencia originalísima en Inglaterra, llena de centenares de lámparas, criados diligentes, aparatos mecánicos, maniquíes animados, cajas de música y otros mil artificios que acreditaban su afición a todo lo rebuscado y espectacular, comprendidos una banda de música, un jardín fastuoso, donde jamás podía haber una hoja caída en el suelo, y otras finuras.

En contraste con la holgura y sibaritismo de su vida particular, el gobernador de Gibraltar (que lo fue dos veces, en 1790 y en 1802) sigue siendo recordado por el estúpido rigor con que se dedicaba a amargar la vida a los militares del peñón: les castigaba en medio de grandes cóleras por la menor mancha en una bota o el más leve descuido del uniforme. Los azotes, los palos y cualesquiera otros castigos, menudeaban en proporción paralela a la creciente masa de desertores y fugitivos. Convencido de que aquella guarnición era un patio de picardías y pecados, cosa digna de estudio, el duque de Kent elaboró un manual reglamentario que comprendía trescientas páginas de texto impreso con densidad: en ellas se disponía la longitud de la barba y las patillas de los soldados y, por supuesto, el empleo de cada minuto del día.

Igualmente, el duque ordenó el destino y régimen que debía tener cada palmo de la colonia, y la cuadriculó toda como si fuera el salón de su casa. Legisló acerca de los usos y conductas que debían observarse fuera de las horas de servicio, preocupándose entre otras cosas de si los oficiales podían llevar sombrilla, cómo y cuándo. No menos celoso se mostró del buen orden y austeridad de las tabernas de Gibraltar, la mitad de las cuales fueron cerradas y en la otra se bebió sólo lo que el gobernador quería, que en gran medida era una pésima cerveza en cuya fabricación tenía él puesto dinero. El año 1803 ha pasado a la historia del peñón, pues el gobernador prohibió porque sí los festejos de Nochebuena. Se promovió un motín que hizo acabar la actuación del magnate en suelo peninsular.

El prócer pudo así pasar a situaciones menos tensas viviendo con su amada en la citada finca. Para tranquilizar su conciencia desarrolló algunas actividades, probablemente sinceras, en favor de la clase obrera. Se puso en contacto con el precursor del socialismo Roberto Owen, y participó repetidamente en los mítines y gestiones del partido fundado por éste.

La catadura del personaje se acredita finalmente con las apresuradas medidas que tomó en los últimos años de su vida. En cuanto hubo un movimiento de altas y bajas en el elenco de testas coronadas de Europa, se dio cuenta de las oportunidades que estaban saliendo en orden de colocar a la familia, y se precipitó a casarse con la princesa viuda Victoria de Sajonia-Coburgo. Su retorno a Inglaterra fue seguido con providencial oportunidad, tras algunas semanas, por el nacimiento de su hija Victoria, llamada a tan altos destinos. La amante francesa anterior fue despedida con cierta impaciencia y se refugió en un convento. El duque de Kent no vivió mucho tiempo para gozarse en el buen rumbo de sus asuntos: falleció de un resfriado en 1820 cuando su prometedora hija era todavía niña. Sin duda, la falta de un padre tan instructivo la privó de valiosos ingredientes formativos.

Figuras tan ávidas de ejercer el apostolado en torno de sí no han escaseado en la realeza moderna –no digamos ya en la medieval–, y el rey Gustavo IV de Suecia (1778-1837), contemporáneo de los personajes anteriores, fue un ejemplo de ellos. De niño había estado sometido a un régimen de terrible austeridad, compuesto de ayunos, baños fríos, azotainas y lecturas de la Biblia, y en los años siguientes, se propuso devolverle la lección a todo el mundo. En cuanto se casó con la princesa Federica de Baden, la llevó enérgicamente a su cuarto, en la misma noche de bodas, la sentó en una tiesa silla, le hizo leer el primer libro de Esther, en la Biblia, que trata de las obligaciones de la esposa, y le dijo a gritos que ya podía prepararse si se atrevía a vulnerarlas en lo más mínimo.

Como casi era de esperar, este matrimonio acabó en divorcio, y el reinado en destierro. Gustavo IV se dedicó a viajar por toda Europa, con medios modestos, y se consoló dedicándose al estudio y la literatura. Uno de sus libros más notables, entre lo poco conocidos que son todos, se titula: *Reflexiones sobre la aurora boreal y su relación con el movimiento solar*.

En los mismos años en que el mencionado gobernador de Gibraltar se esforzaba en imponer allí su concepto del orden y la pulcritud del prójimo, un zar de Rusia, sobrenombrado el Loco estaba entregado al quehacer de amargar la existencia de todo su vasto pueblo, desde su hijo hasta el último campesino. Era Pablo I (1754-1801), hijo de Catalina la Grande y de Pedro III. Éste había muerto asesinado, suerte que compartiría su hijo, con tanto motivo como lo habían tenido los conspiradores anteriores para acabar con su padre. El soberano se propuso, dentro de los cuatro años que le dejaron reinar, poner orden hasta el mínimo detalle en su imperio, para lo cual legisló acerca de vestidos, maneras sociales, lecturas, viajes, conducta hogareña, censura de imprenta y, por supuesto, la disciplina de su ejército.

Sujetó Pablo I a sus tropas a revistas incesantes, castigos brutales, inquisiciones minuciosísimas y despliegue total de histerias y furores. Montó un horario estricto, con firma de entrada, para ministros y funcionarios, sometió a todo el mundo a estrictas disposiciones sobre su cosmética y atavío, prohibió el uso de pantalones y estableció el de calzas, y vetó que se usaran camisas flojas, sombreros redondos y cualesquiera otras prendas que parecieran relajadas y frívolas. Un cuerpo de cientos de policías rondaba por las calles vigilando el cumplimiento de estas normas y también que la vida de los hogares se ajustara a ellas: por ejemplo, era obligatorio avisar a la policía si se quería celebrar una fiesta familiar y aquélla enviaba a un agente para vigilar que la reunión se ajustara al decoro. En el año 1801, para resumir, los palatinos, indignados de tanta monserga y asustados por la posibilidad de que acaso surgiera alguna ocurrencia que les perjudicara el bolsillo, resolvieron matar al zar, y lo efectuaron estrepitosamente, dejando confuso para el resto de sus días a su hijo y heredero que estaba en otras habitaciones de palacio y oyó el tumulto. Alejandro I, que éste fue el emperador siguiente, llevó una vida meditabunda y misteriosa, siempre preocupado por si en el asesinato de su padre se habían observado las debidas normas.

Mucho más preocupado todavía habría de vivir un sultán de Turquía, Abdul Hamid II (1842-1918), dominado por el temor incesante a ser depuesto o asesinado, o las dos cosas. Llenó sus palacios de los más extravagantes artificios de seguridad, incluso poniéndose encima artefactos tales como un fez forrado de acero por dentro y mezclando con sus ropajes planchas y blindajes. No sólo la comida a él destinada había de ser revisada hasta los últimos extremos, sino también los papeles que se le pasaban y cualquier objeto de su intimidad.

No era nueva, ciertamente, esta psicosis en el palacio otomano, que llevaba siglos constituido en morada de la traición y la perfidia, pero Abdul Hamid añadió sus propias causas personales de riesgo a lo eléctrico de su época para creerse en inminente peligro a cada momento. Llenó sus edificios de corredores y refugios secretos, repartiendo las construcciones entre doce diversos arquitectos que no se conocían entre sí y otros muchos más grupos de trabajadores que actuaban bajo la voluntad deliberada de que no supiera ninguno de ellos lo que hacía la cuadrilla de al lado. En todas estas obras, se prodigaron las falsas paredes, las cámaras cerradas, los pasillos y escaleras engañosos y además se multiplicaron las habitaciones donde habían de amontonarse armas, vestidos, comidas e incluso juguetes, para prevenirse contra el asedio que siempre estaba esperando el sultán. Se sabe que muchos de los artificios que montó para herir automáticamente a los presuntos agresores causaron la muerte de servidores inocentes.

No está menos claro que las comidas del sultán, receloso de los manjares y el servicio, eran una pura miseria. Entre otras cosas, insistía en comer en la mano de una mujer del harén para abstenerse de usar cubiertos. Las enfermedades a que le sometió un régimen de vida tan extraño se las medicaba prácticamente él mismo con centenares de fármacos diversos que amontonaba en sacos y cajas abundantísimos. Huelga decir que mientras la cabeza del imperio vivía en semejante frenesí, sus ministros y oficiales desahogaban un pálido reflejo de aquellas neurosis masacrando poblaciones, encarcelando multitudes, exterminando presuntos delincuentes y aterrorizando a los millones de personas sometidos al imperio de la media luna.

En 1908, el panorama internacional fue complicándose y Abdul Hamid fue destituido y enviado al exilio en compañía de siete mujeres de su harén, las cuales al parecer no valían gran cosa. No pudo llevarse sacos de monedas de oro, cofres de joyas, armarios llenos de ropas blindadas, sus payasos, sus titiriteros y otros servidores íntimos que había reclutado en los fondos más bajos de Estambul. Murió a los setenta y siete años en Salónica.

No todas las excentricidades regias han sido tan espectaculares como las que hemos espumado. Las ha habido menores y más benignas. Así, el rey Fernando I de Bulgaria (1887-1918, m. 1948) fue un naturalista notable, estudioso y tratadista de la flora y la fauna del Brasil y cuidador de ambas. Sin embargo, tenía, intransigente, la manía de matar lechuzas; creía que eran portadoras de la desgracia y la que se le ponía a tiro era exterminada en el acto. Del mismo linaje era la tolerable obsesión de llevar siempre guantes que padecía.

Algo más extraordinaria era la circunstancia del príncipe Christian de Schleswig-Holstein (1831-1917), yerno de la reina Victoria. Quedó tuerto en una cacería, no en la guerra: en Sandringham, el duque de Connaught, en vez de acertar en un pájaro que pasaba, le saltó un ojo a su pariente. Éste no se limitó a ponerse un ojo de cristal sino que encargó un repertorio de ellos, según colores y modalidades, comprendido uno enrojecido para cuando estaba resfriado y deseaba que ambos ojos fueran al unísono. Llevaba la serie siempre consigo en una cajita especial. Estaba tan orgulloso de ésta que a menudo la extraía y la mostraba a la concurrencia en cenas de palacio, con gran molestia de los comensales. No era raro que, según su humor, en plena cena, el príncipe se cambiara un ojo por otro.

Esto nos recuerda que el estrafalario crítico de arte barcelonés Juan Cortés, que usó muchos años de las páginas de un importante diario, llevaba también un ojo de cristal y en ocasiones de furia o de broma amenazaba con sacárselo, y a veces lo hacía. En la misma época de los «años cincuenta» en que el crítico de arte era tuerto, el crítico musical de tal periódico era sordo.

Las anteriores notas sobre excentricidades augustas han de ser matizadas mediante su contigüidad con las rarezas de otros contemporáneos suyos de final del siglo pasado. La célebre escritora inglesa Edith Sitwell ha escrito un libro increíble titulado *English Eccentrics* donde establece un repertorio sobre personajes originales de esta misma época, de cuya veracidad sólo ella es responsable. Así la condesa de Desmond murió a los 140 años de edad, según dice, porque se cayó de un manzano al cual había subido con una escalera para coger fruta. En sus mismos años lord Rokeby se había dejado una barba que le llegaba hasta las rodillas y apenas salía nunca de la bañera; mientras tanto, la señora Celestina Collins hacía compartir su cama por la noche a treinta aves de corral. Cierto lord ordenó en su testamento que le cortaran la mano derecha a su cadáver y se la mandaran a un hijo rebelde que le había salido. Otros ingleses de aquel tiempo, que hemos bosquejado en algunos libros aparte, tuvieron manías monumentales y construyeron edificios u obras rarísimas, tan caras como asombrosas.

Escribía Antonio de Solís que «algunas veces se descuida el entendimiento para que se divierta la esperanza con lo que sueña la imaginación». Está en su relación de la conquista de Méjico. ¡Qué no hubiera dicho al ver que, a menudo, cuanto más leve es el tema y más alto el personaje, más desbarra la fantasía!

Napoleón y los perifollos de su mujer

Napoleón y la emperatriz Josefina tenían ideas contrapuestas acerca de los vestidos y ornamentos que esta última echaba sobre su persona con prodigalidad alucinante. Josefina estaba empeñada en que los vendedores de modas y arrequives que la tenían por cliente entraran libremente en sus habitaciones a cualquier hora y situación, puesto que ella daba más importancia a sus tentadoras ofertas que a cualquier otra cosa del mundo. Como es fácil de comprender, el emperador se indignaba, no ya del gasto colosal de su consorte en tales materias, sino del relajo con que los mercaderes entraban en sus aposentos y tropezaban con él mismo en más de una ocasión.

Había prohibido repetidamente a la duquesa de la Rochefoucauld, dama de honor de la emperatriz, que aquellas gentes entrasen para nada en sus habitaciones. Así, en sus normas de régimen interno Napoleón dispuso: «Que se esperen en las habitaciones de madame Saint-Hillaire o en las de la señorita Audert y que concierten una hora en la forma reglamentaria con la emperatriz; entonces que bajen según las normas usuales a sus habitaciones.» El emperador agregó, haciendo uso de una palabra que entonces resultaba muy nueva y ahora nos suena a más familiar: «Lo que yo no quiero es que se estacionen en la galería o en los salones.»

Apenas será necesario añadir que estas disposiciones del emperador fueron quebrantadas tantas veces como quisieron, sea los mercaderes y modistas, sea la soberana misma. Una de las visitantes más pesadas y descaradas era madame Despeaux, la cual solía venir acompañada de un par de muchachas hermosas, cargadas de paquetes, cajas y objetos que ofrecer a Josefina y que se ponía de centinela en medio del paso esperando que ésta discurriese por allí para asaltarla con sus ofertas.

Cierto día que el emperador salía de un consejo, se tropezó por enésima vez con este abigarrado grupo. Aun cuando la Despeaux, asustada, se escondió todo lo posible detrás de otras personas que se encontraban con el debido permiso en aquella área, Napoleón fue derecho a ella y le dijo a grandes voces:

–Señora, éste no es vuestro sitio y debíais saberlo. Id a reuniros con las damas de la emperatriz.

A continuación hizo llamar a madame Lavalette, que pertenecía a este elenco, y le echó otra bronca, aun cuando ésta era inocente del todo puesto que era la emperatriz la que había llamado a la Despeaux.

–Si te obstinas en hacer bajar a tus vendedoras de trapitos a las habitaciones, donde mis oficiales las pellizcan y les dicen obscenidades, te aviso de que acabaré por enfadarme de veras –le dijo el emperador a Josefina aquel día a la hora de almorzar.

Su esposa le prometió que no volvería a ocurrir jamás tal cosa. No pasaron muchos días antes de que Napoleón, que iba a oír misa en palacio, descubriera a la célebre Despeaux, en la galería, disimulada entre las personas que deseaban prestarle homenaje.

–¿Qué hacéis aquí, señora? –dijo.

–Majestad, espero las órdenes de su majestad la emperatriz.

–¡Otra vez! Yo lo he prohibido expresamente. –Napoleón siguió su camino furioso. La misa no logró apaciguarle y, al volver de ella, llamó al cuerpo de guardia. Le abrieron espantados y Napoleón preguntó secamente por el mariscal Duroc. No estaba en su sitio–. Que le busquen en el acto –dispuso.

Corrieron a su casa y todos los lugares donde pudiera estar. Finalmente se averiguó que se había ido de caza. El emperador impaciente volvió él mismo al cuerpo de guardia para averiguar qué noticias había de Duroc. Como no se contaba con ninguna preguntó por el mariscal Savary. Acudió este otro astro rutilante entre los colaboradores directos de Bonaparte.

–Una comerciante de trapos ha vuelto a entrar en la galería vulnerando mis órdenes en contra –gritó el emperador–. Pretende que la emperatriz la ha hecho llamar; no es verdad. Debe de estar todavía allí. Id, Savary, hacedla arrestar y que la lleven a la cárcel de Bicêtre.

Savary salió corriendo para ejecutar estas órdenes. Buscó a la Despeaux por todas partes pero no la encontró. Entretanto, llegó Duroc, atribulado y sofocado, preguntándose qué hecatombe debía suceder cuando se le llamaba con tanta prisa. Pasó a presencia del emperador, el cual le ordenó participar también, junto con el otro mariscal, en la caza y captura de la Despeaux.

–Majestad –quiso decir Duroc, balbuceando–, permítame hacerle notar que...

–Haced lo que os mando.

Duroc intentó todavía hacer alguna observación pero el talante rotundo de su amo le quitó la gana de decir nada más y salió corriendo en busca de la modista. En este quehacer encontró a Savary que estaba investigando en las habitaciones de las damas de la emperatriz y comenzó a insinuarle que lo mejor era dejar huir a la Despeaux si es que ella misma no lo había ya intentado.

–No, por cierto –dijo Duroc–, esta mujer está aquí, estoy seguro, he mandado cerrar las rejas de palacio; es preciso que la encuentre.

Hubo un cambio de exclamaciones y chascos entre los dos mariscales.

–¡Quita allá, no serías tan indulgente –replicó Duroc– si ella vendiese sombreros! Esta Despeaux me arruina. Ahora tengo la ocasión de vengarme y no cometeré la tontería de dejarla escapar.

La vendedora había encontrado refugio gracias a la ayuda de una camarera de Josefina. Hubo de pasar más de tres horas escondida en un armario, entre los abultados vestidos de la emperatriz, casi asfixiada. Finalmente, la descubrieron y fue llevada entre soldados hasta un coche que la transportó directa a la cárcel. Allí sólo pasó veinticuatro horas puesto que Napoleón, ablandado por los mimos de Josefina, se retractó del acceso de furor que le había llevado a movilizar a dos mariscales para arrestar a una modista, y mandó que la pusieran en libertad.

Estos apuntes adquieren más relieve si se repara en que Napoleón era muy ordenado y económico por lo que tocaba a su arreglo privado. Era sobrio y limpio en el vestir, la mayoría de las veces de uniforme, pero su preocupación por la pulcritud le llevaba a cambiarse varias veces al día. Una de las razones era que comía muy de prisa, nervioso, distraído con la conversación o con el despacho de los asuntos y se manchaba la ropa repetidamente. De este modo, en cierto momento, su sastre y jefe de guardarropa, Rémusat, se halló en el caso de confesarle que el emperador debía doce mil francos a sus proveedores. Este pasivo le costó el cargo. Rémusat fue sustituido por el conde de

Montesquiou, a quien Napoleón indicó al nombrarle:

–Espero, conde, que no me pondréis en peligro de que me reclamen el precio de los pantalones que esté llevando.

En otra ocasión, estaba charlando con su esposa Josefina, en la Malmaison. Discutían un tema tan exótico e inofensivo como el trueque que iban a efectuar de un avestruz vivo que les enviarían desde el jardín botánico por un papagayo que había muerto el día antes y sería disecado y expuesto en las colecciones de aquél. Mientras hablaban de semejantes bagatelas, entró un paje que traía una taza de té para el emperador, tropezó con la alfombra, perdió el equilibrio y la taza salió disparada contra las piernas de Napoleón. Éste se puso en pie bruscamente, dio un traspié que le dolió tanto como la quemadura del líquido y le dirigió al paje varios tacos enfadado.

Josefina se echó a reír:

–¡Dios mío, Bonaparte –le dijo; siempre le llamaba así–, sueltas muchos tacos hace una temporada!

Napoleón repitió unos cuantos pero, mientras acababa de desahogarse, no pudo reprimir el gesto de levantarse, agacharse, recoger el plato y expresar que por lo menos éste no se había roto. Josefina, que no tenía nada de económica, se prestó a celebrarlo: «Por lo menos hemos salvado la mitad», dijo.

Florilegio de rarezas de Sissi emperatriz

La emperatriz Elisabeth de Austria (1837-1898) se sentiría agraviada en el otro mundo si no la recordáramos, con todo respeto, en este breve florilegio de originalidades y excentricidades de la realeza. El principio y fundamento de sus singularidades estribaba en la rarísima hermosura de la soberana

–completada por un talento brillante– que la condenaba a atraer la atención de todo el mundo en cualquier sitio donde estuviera, hasta provocar auténticos tumultos. A partir de esta significación que adquirió sin desearlo, Sissi iría sintiéndose llamada a proteger causas difíciles y a crecerse en ser signo de contradicción. A medida que fue percibiendo que sus actitudes generaban escándalo en el riguroso ambiente del Hofburg, la emperatriz fue aumentando la dosis de travesura en ellas hasta franquear las lindes de la malicia más afilada, a menudo cruel.

Otro aspecto de su complicada psique está siendo aclarado en nuestra misma época. Hoy se para atención en las desgracias que trae consigo la anorexia. Si alguna mujer ha habido en la historia que represente la obsesión morbosa por conservar la línea, ésta fue la emperatriz Elisabeth. Con su estatura de 1,72 m, se empeñó en no pasar de 50 kilos de peso y mantener un prodigioso talle juvenil y unas caderas de *top model*, lo cual trajo consigo que apenas comiera y que se pasara muchas horas de cada día haciendo gimnasia, esgrima y equitación. Aparte de esto, se hacía apretar tanto la cintura con corsés y ataduras que en muchas ocasiones experimentó penosos ahogos.

Con el cuerpo sometido a semejantes cilicios, no puede sorprender que Sissi mantuviera el espíritu siempre en guardia. No consta un solo episodio en que aparezca sorprendida o dañada, ni siquiera la escena final en que anduvo un centenar de metros, impasible, tras ser herida de muerte por el estilete del anarquista Lucheni. Por el contrario, abundan –como hemos recogido en *El reverso de la historia*– los acaecimientos en que hizo gala de ingenio, erudición y realismo que desconcertaron al más pintado. Anotemos como la más simple de sus rarezas la frialdad y distancia con que trató siempre a los varones, incluso a los amigos, y la cordialidad y llaneza que dedicó a su trato con las mujeres, con la única exigencia de que fueran hermosas, sea cual fuere su rango e identidad. Sabido es que se hacía enviar retratos de mujeres bellas, los cuales coleccionaba con esmero, imitando una iniciativa que había ya desarrollado su pariente, el rey Luis I de Baviera, protector de la famosa Lola Montes, cuyo retrato figuró en la colección de éste y en la de la emperatriz. No pensamos que la afición de la emperatriz a mirar y tratar mujeres bellas pasara a mayores; la clasificamos entre los raros jugueteos fantasiosos de Sissi, más proclive a ceder ante el demonio que ante la carne y, desde luego, nada ante el mundo.

En esa colección de retratos figurarían por supuesto las hermanas de la soberana, que eran guapísimas y dieron mucho que hablar. Una de ellas, María (1841-1925), fue esposa del rey Francisco II de Nápoles y, cuando éste fue depuesto, vivió en Roma. El rey padecía fimosis y su esposa tuvo un sonado amorío con un conde belga, oficial de la guardia pontificia, del cual hubo una niña en medio de gran secreto. Unos meses más tarde, volvió al lado del ex rey y éste se hizo operar. Otra hermana, Matilde (1843-1925), casada con el conde Luigi Trani, hermano menor del citado rey, se permitió una aventura con un grande de España. Una tercera hermana, Sophie (1847-1897), era la feliz esposa del duque de Alençon, en París, y cuando tenía cuarenta años y sus hijos eran mayores, dio en enamorarse de un médico casado, el doctor Glaser, de Munich. La familia decidió encerrarla en la clínica mental del célebre doctor Krafft-Ebing. Pasado un tiempo, volvió también al lado de su marido. Moriría unos años más tarde trágicamente, en el incendio de un bazar de beneficencia en París. La emperatriz Elisabeth se mostró rigurosa ante los problemas de sus tres hermanas, esgrimiendo razonamientos morales poco usados por ella en otros contextos. En cambio, toleró, y aun facilitó, las relaciones del emperador Francisco José con la bondadosa actriz Katharina Schratt y se mostró igualmente indulgente con las erráticas juergas de su propio hijo, el archiduque Rodolfo, de quien tratamos en otro apartado.

Parece que en materia conyugal, la emperatriz practicaba la «moral del caso» y consta que se manifestó abiertamente contra la fidelidad como obligación. No se privó de amoríos imaginarios, como el que sostuvo mediante cartas y versos con un joven alemán, Alfred Gurniak, cuando ella tenía cosa de cincuenta años. Constituyéndose en émula del personaje del *Sueño de una noche de verano*, escribió un poema titulado «Titania y Alfred», donde se situaba ante al galán en una actitud alejada y superior, como si hablara con el asno que aparece en aquella obra. La conocida biógrafa de Sissi Brigitte Hamann no puede reprimirse de observar que se concedió esos divertimentos en el mismo momento en que la política internacional europea estaba en una crisis próxima a la guerra, y en que su propio hijo Rodolfo entraba en la última espiral de sus delirios, unos meses antes de su tenebroso suicidio en Mayerling. Ni el emperador ni los ministros ni su hijo pudieron contar para nada con la soberana, que estaba absorta en esas lucubraciones literarias.

Es más conocida la dedicación de la misma a estudiar a Shakespeare, así como el griego antiguo y moderno, la lengua húngara y otros temas históricos y literarios afines, en los que profundizó admirablemente.

Desde España, es curioso anotar el vivo interés que sintió por el poeta y filósofo Jehuda Haleví (m. 1141), hebreo de Tudela, cuya obra fue divulgada en el mundo germánico por Heine. Elisabeth dio un susto de muerte cierto día al erudito vienés profesor Seligmann Heller, especialista en el poeta tudelano, pues se presentó en su casa sin avisarle. El profesor estaba en bata asomado a la ventana y vio llegar un carruaje aparatoso que se detuvo ante su puerta. Mientras comentaba con su familia a qué se debería aquella novedad en su modesto barrio, la emperatriz subió la escalera, llamó y le pidió sin demora que le diera unas clases sobre Jehuda Haleví.

Era tan grande el conocimiento que ella tenía de la obra de Heine que desde Berlín le pidió dictamen un profesor que iba a editarla con aparato crítico. La emperatriz le contestó detenida y extensamente, con el más exquisito acierto.

Destacó entre sus profesores y tutores de griego Constantin Christomanos, el cual vivía en pleno arrobo ante la soberana, amada imposible e impasible, aunque halagada, y le dedicó varios libros de poesía. Mientras duraron sus clases y las de otros profesores jóvenes y románticos, los cortesanos que andaban por allí no recataban la lástima que sentían por ellos, al prever lo desdichados que acabarían siendo.

Otro enamorado infeliz fue el rey Luis II de Baviera (1864-1886, n. en 1845), víctima también del hechizo pernicioso de la emperatriz, según han difundido diversas obras recientes. Ésta visitó Bayreuth y oyó *Parsifal* como homenaje a su memoria, en 1888. Más aún: el empeño por comunicar con su romántico y alocado primo llevó a Elisabeth a dedicarse hondamente al espiritismo, a partir de 1887. Estaba convencida de que el espíritu del rey Luis hablaba con ella. Los íntimos comentaron que estos experimentos la tranquilizaban y serenaban y así se patentizó en versos de la soberana en tal época.

Es paradójico que innumerables observadores y el mismo pueblo de Viena estimaran en 1898 que la pérdida de la emperatriz Elisabeth significaba el principio del fin para el imperio de los Habsburgo, cuando lo positivo es que la soberana asesinada no había creído en éste ni un minuto. Su propia hija se declaró prácticamente republicana después de 1918 y no vaciló en decir que recogía con ello el ideario de su madre. Desconcierta reparar en que uno puede convertirse –como acredita la leyenda de Sissi– en símbolo y resumen de lo mismo que refutó.

De igual manera resulta sorprendente que el amor recíproco de Hungría y la emperatriz resulte hoy un sentimiento de estilo romántico y arcaizante cuando en su día era por ambas partes una actitud revolucionaria y rompedora. Todo acaba por quedar en su sitio, cabe reflexionar cuando se ve que nunca faltan en el sepulcro de Sissi flores y lazos con los colores húngaros.

Escándalos y misterios del duque de Windsor

Poco puede sorprender que la historia remota esté llena de misterios y sombras cuando los hechos que han ocurrido hace, digamos, cuatro días se nos muestran penumbrosos. Un novelón como el vivido por el duque de Windsor menos de sesenta años atrás admite aún aclaraciones innumerables, por lo lleno que está de puntos oscuros. Acaso sea el principal el que le plantearon a su alteza en 1940 unos periodistas en una ciudad interior de España, con rusticidad celtibérica. El ex rey Eduardo VIII se había encaminado desde la Francia en guerra hacia España y había dicho secamente a los gendarmes: «*Je suis le prince de Galles. Laissez-moi passer, s'il vous plait*» («Soy el príncipe de Gales. Déjenme pasar, por favor»). Ya dentro de nuestro país pasó por Barcelona, fue luego hacia Madrid y, en el camino, uno de los periodistas de aquella ciudad que no queremos recordar le dijo, sin gastar preámbulos:

–Alteza, ¿y por qué se casó con una mujer tan fea?

La reunión resultó breve e incómoda. Los periodistas habían puesto el dedo con brutalidad en la llaga: la primera impresión que daba la duquesa de Windsor era la de ser plana, como una carta de la baraja; era muy estrecha de hombros y de cabeza grande y redondeada por el peinado inflado; su cara estaba siempre haciendo gestos expresivos, más o menos fingidos: sonrisas anchas, ojos muy abiertos, parpadeantes y chispeantes, como queriendo decir: ¿Verdad que va todo muy bien? Practicaba en grado extremo aquella rutina norteamericana de ir haciendo gestos y muecas para representar las palabras que decía, un poco como si hablara para sordos.

Para el gobierno de Londres era acaso tan incómodo que el feliz enamorado se quedase en el trono como que se marchase de él. Después de haberse casado en junio de 1937, en una finca de Francia, el «Château de Candé», cerca de Tours, con aquella divorciada norteamericana, mistress Wallis Simpson, nacida Warfield, resolvió visitar la Alemania nazi, como luna de miel, y se entrevistó cordialmente con Hitler, Goering y Goebbels. Fue tomada buena nota de que el ex soberano inglés dirigió a Hitler el saludo nazi y en alguna ocasión contestó de tal guisa cuando se lo hicieron. El *New York Times* le sacó mucha punta a esta convivencia. Se tenían dossiers de que el duque de Windsor se había mostrado siempre muy benévolo con el régimen hitleriano y el fascismo de Italia. Había aprobado también la recuperación de Renania que Hitler emprendió al llegar al poder. De modo semejante, el duque había pensado visitar Venecia con su yate, en plena invasión de Abisinia por Mussolini, en 1935, y costó mucho trabajo hacerle comprender que Inglaterra había condenado esta agresión, en forma incompatible con una simpática visita regia. En las reuniones diplomáticas él no se recató de exteriorizar semejantes ideas y de tratar a los representantes alemanes e italianos con especial afecto.

Otras informaciones habrían de llegar, y más graves, acerca de las ideas políticas del duque, porque ocurrieron en plena guerra mundial: en 1940, en lo más dramático de la «batalla de Inglaterra», no vaciló en declarar al periodista Fulton Oursler, según recoge Richard Shenkman en el libro que citamos, que Hitler era una gran hombre, que los alemanes habían de estar encantados de tenerle por caudillo, que Inglaterra se equivocaba al hacerle la guerra, y que lo que había que decir era, como en las peleas de chicos: «Venga, a darse un beso y se acabó.» Shenkman sugiere que, en el fondo de su alma, el duque nunca se despidió de la idea de que los ingleses prestarían atención a un llamamiento de Roosevelt y de él mismo en favor de la paz, se sublevarían contra su gobierno y le llamarían para que volviera al trono.

Su propio padre, el rey Jorge V, había vaticinado más de una vez: «Cuando yo me muera, este chico se irá a la ruina en un año», recapitulando las extravagancias y ligerezas del personaje que constan en una amplia bibliografía. Se equivocó en unas semanas de más, porque el muchacho fue rey de Inglaterra desde el 20 de enero al 11 de diciembre de 1936.

No era fácil hacerle advertencias y darle consejos: antes de esta guerra y unos años después, pasaban por Barcelona algunas veces, y se alojaban en el Ritz, lady Thelma Furness y Gloria Vanderbilt, que componían una estampa maravillosa propia de las novelas de «los grandes expresos europeos», tipo Maurice Dekobra. Ellas me confirmaron lo difícil que era influir en las ideas básicas del príncipe de Gales, en alguna conversación ligera que tuvimos; entonces yo era periodista joven. Lady Furness, norteamericana de nacimiento, había tenido durante años relaciones muy cariñosas con el príncipe. Más aún, era ella la que le había presentado en 1931 a cierta mujer divorciada del señor Simpson, la futura duquesa de Windsor.

Una de las personas a quienes afectó más la abdicación de Eduardo VIII fue la reina Victoria Eugenia, tan conocedora de los extravíos y flaquezas que flotan por los palacios. Nuestra soberana fue visitada en algunas ocasiones por los duques de Windsor en Suiza, después de su boda. Ricardo de la Cierva, en su biografía de la reina, recoge las revelaciones que un célebre bailarín español hizo al autor de cierto libro inglés: según ese artista, que parecía conocer demasiado de cerca al ex rey, éste se entregaba al amor de la señora Simpson porque era la única mujer que le hacía sentirse verdaderamente hombre. Era el duque quien la perseguía a ella, y ella la que había querido retirarse; era él quien prefería aquel amor al trono. La duquesa de Windsor, cuando en 1956 escribió sus recuerdos, evocó un baile de palacio, en 1935, durante el cual el rey Jorge V la estuvo escrutando con mirada penetrante y glacial, como preguntándose qué encontraba en ella su corrido hijo.

Esta versión, digna de interés, puede muy bien cohonestarse con la evidencia de que los centros ingleses del poder se alegraron mucho de la oportunidad que brindaba tal romance para librarse de un rey inclinado a los países fascistas, futuros enemigos de la corona.

De otras incomodidades menores se libraron también de paso. El anecdotario del heredero mostraba una curiosa inestabilidad entre el desdén de formalismos y la apetencia de acatamiento. Por un lado, abundan los sucedidos donde el príncipe no sólo se mostró llano y desenfadado, sino que teorizó sobre que la monarquía moderna debía acercarse a la gente sencilla; por otro lado, consta que si alguien no le ofrecía los debidos respetos, le llamaba ásperamente al orden: una vez les pegó un grito a los escolares del Magdalen College, de Oxford, que no se pusieron en pie cuando entró en su salón. Por otra parte, lo vacilante de la cultura y el criterio del príncipe le llevaba a intervenir con desacierto en problemas públicos donde no tenía nada serio que decir (se hizo célebre su frase de: «Habrá que hacer algo», con que se dirigió a una masa de mineros sin trabajo), a la vez que se gozaba en inhibirse de otros donde sí tenía obligación de quedar bien. Cierta vez, al recibir a un explorador de la Antártida, Lincoln Ellsworth, le preguntó:

–¿Y no hay nadie allí?

–No, alteza.

–¿Ni esquimales?

–Nadie, en absoluto.

–¿Será posible? ¿Se puede pensar en todo un continente sin primer ministro, ni arzobispo, ni ministro de Hacienda ni siquiera rey? ¡Debe de ser el paraíso! –exclamó el heredero del Imperio británico.

Éste decía abierta y justificadamente: «La discreción es una cualidad que, aunque útil, no he admirado nunca en especial.»

La reina Mary, su madre, conminó más de una vez al príncipe de Gales a que reflexionara sobre la magnitud de los efectos que tendría su abdicación cuando fue acercándose la hora de plantearse los dilemas supremos. «Lo único que nos interesa es nuestra felicidad», le contestó su hijo, y la reina no se privó de repetirlo a todo el que la quiso escuchar.

Dos breves apuntes le dieron días después al futuro duque de Windsor la sensación palpable de que se le había acabado el estar viviendo dentro de una burbuja. La primera impresión se la proporcionó su hermano, el nuevo rey Jorge VI, el cual, con más o menos regodeo, dio a entender a su hermano que el país tenía ya otro monarca, a todos los efectos. El rey llamó al ex rey por teléfono, a los pocos días de ser ambos una cosa y la otra, y el duque de Windsor le hizo contestar, acaso sin fijarse, que no se podía poner y que le llamara luego, a las diez. El criado volvió muy serio para decirle: «Dice su majestad que le llamará mañana a las siete menos cuarto porque es la única hora que le permiten sus ocupaciones.» Parece que, de paso, Jorge VI se sacó así la espina de que una temporada antes su hermano mayor nunca tenía tiempo para hablar con él.

El segundo dardo es menos solemne, pero acaso más agudo. Cuando se dispuso a dejar su residencia de siempre y empezar su nueva vida, el duque de Windsor llamó a su ayuda de cámara y le dijo:

–¿Cómo va el equipaje? ¿Está listo? Recoja lo que necesite usted. Vendrá usted conmigo.

–Lo siento, señor, pero no lo haré. Me quedo en Inglaterra. Cuando vuestra alteza real salga de Fort Belvedere, me despediré de su servicio.

Y se dice que, mientra el ex rey se quedaba petrificado, el sirviente comentó por lo bajo:

–Si él deja su trabajo, también puedo yo dejar el mío.

Hemos guardado para el final, sin conectarla con lo anterior, la curiosa alusión que hace el libro de David Randall *Royal follies* (Londres, 1987) a una figura de la familia real, el príncipe Carlos Eduardo (1884-1954), nieto de la reina Victoria. Era duque de Albany y, en plena mocedad, sus mayores decidieron que fuera educado a la alemana porque había de heredar el título de duque de Coburgo. Durante la primera guerra mundial, combatió en el ejército alemán, en el cual llegó a general, tras haberse batido brillantemente en los mejores regimientos. Después de la derrota, perdió este grado y su rango nobiliario y determinó afiliarse a diversos grupos de extrema derecha, y finalmente al naciente partido de Hitler. Cuando murió Jorge V, su primo, el duque asistió al entierro y hubo quien dijo que allí, o en algún acto anexo, se exhibió con uniforme nazi. Vivió con su hermana aquellos días en el palacio de Kensington, residencia regia, y se entrevistó con Eduardo VIII y con los principales políticos británicos, como Eden, Chamberlain, Duff Cooper y otros.

Consta que informó de estos tratos a Hitler, el cual tenía interés en explorar las modalidades de un posible acuerdo con Inglaterra. Cuando llegó la segunda guerra mundial, trabajó en la Cruz Roja, pero no se libró de ser arrestado por los norteamericanos en 1945 y ser procesado varias veces por sus antecedentes, durante los meses siguientes. Falleció en 1954 retirado discretamente. Como dice el filósofo Wittgenstein, de lo que no se puede hablar, no hay que hablar.

Acerca de la real gracia y sus puntos dudosos

El idioma español cuenta entre sus muchas dificultades la de multiplicar los significados delicados y complejos de una serie de palabras clave en la vida común. Una de ellas es la de «gracia», vocablo que, con el diccionario de la Academia en la mano, vale tanto para significar aquel don de Dios que eleva a la criatura racional en el camino de la bienaventuranza eterna como para designar el perdón o indulto de un castigo que otorga, si le parece, el jefe del Estado, añadiendo en medio una serie de significaciones a veces contradictorias, entre las cuales aparece la de «chiste, dicho agudo, discreto y de donaire», que es la novena acepción del vocablo, con lo cual queda indicado que no es la más inmediata y obvia. Todavía está menos claro que los dichos agudos de una serie de personas regias hayan sido graciosos en el sentido cabal de la palabra. En efecto, con una frecuencia digna de meditación ha habido figuras de la realeza que han querido añadir a sus ya consustanciales esplendores y facultades el aparecer como ingeniosos y bienhumorados.

¡Las quiebras a que puede conducir a un monarca el afán desmesurado de parecer chistoso e inspirado! A Eduardo II de Inglaterra (1307-1327) este apetito le costó el reino y en bastante medida la vida. Se le tilda de homosexual, excéntrico (con aficiones tan insólitas como la de hacer de albañil y carretero por su gusto), incompetente en la guerra, y, sobre todo, acaso lo más grave, de patoso en su humor. A más de siete siglos de distancia, la historia rememora todavía sus comidas desbaratadas, sus juergas sin gracia y sus vejaciones.

Los cronistas de su tiempo han cuidado de que no olvidemos que recompensó espléndidamente a su pintor de corte por bailar encima de la mesa de una orgía y que también pagó a otra persona para que cayera del caballo de un modo cómico y divertido. A este mismo linaje de pasatiempos parece corresponder la afición, repetida en el curso de la historia inglesa, que tuvieron aquellos reyes a quitar por sorpresa las sillas a las personas que estaban cerca de ellos, de modo que, si se sentaban distraídamente, cayeran para diversión del monarca. Se habla de una preceptora de las princesas regias, lady Deloraine, la cual, harta de que el rey Jorge II se regocijara con apartar la silla con la que ella contaba al sentarse, acabó haciendo lo mismo con el rey, el cual se fue por los suelos ante la sonrisa maliciosa de la señora y probablemente de los circunstantes.

De peor género fueron algunas bromas que gastó Luis XIV a personas de su agrado: por ejemplo, a madame de Venel la obsequió con una cajita de dulces que tenían la particularidad de llevar cada uno una ratita viva en su interior; también se divirtió algunas veces el Rey Sol en echar puñados de sal en el chocolate de madame de Thiange, hermana de la Montespan, su amada. Hay quien dice que todavía resultaba peor el que a Luis XIV le diera por tomar una guitarra y ofrecer a los íntimos una muestra de su talento en ella. Las bromas que gastaba Pedro I de Rusia con los próximos han sido ya aludidas en otros apartados de este libro.

Más grave que todo esto nos parece el hecho de que algunos monarcas hayan bromeado o frivolizado acerca de temas serios y respetables. Uno de los casos más graves en tal materia, tanto que las polémicas correspondientes han llegado hasta nuestro tiempo, lo protagonizó Carlos V en ocasión de ser coronado emperador en Bolonia en 1530 por el papa Clemente VII. Según parece, al término de la ceremonia, en la iglesia de Santo Domingo de dicha ciudad, el emperador tuvo la ocurrencia inesperada de desenvainar la espada y empezar a tocar ligeramente con ella en los hombros y las espaldas de los ciudadanos que tenía a su alrededor para armarlos caballeros diciendo repetidamente: «Seas caballero. *Esto miles*.» Semejante favor provocó en la iglesia un tumulto de aspirantes a recibirlo, los cuales se arremolinaron a centenares en torno del soberano. Éste iba repitiendo las palabras ceremoniales, mientras los aspirantes se aglomeraban gritando: «Señor, señor, a mí, a mí.» Al cabo de un rato, Carlos V, fatigado por esta operación, el calor y los ropajes de la coronación, quiso acabar con tales molestias y dijo: «No puedo más, no puedo más, *estote milites*, sed caballeros todos, todos.» Con lo cual todo el mundo se marchó contentísimo.

Lo peor del episodio, o lo mejor, según se quiera mirar, es que hasta nuestra época los descendientes de aquella aglomeración han pretendido gozar de nobleza hereditaria y continuada, con las consecuencias que ello ha podido tener en cada momento. En Italia semejante pretensión causó pleitos, demandas, recursos y promovió multitud de estudios y alegatos.

Carlos V no cayó en esta ligereza una sola vez, sino que hizo algo parecido con los nobles de Génova y de Alguer, villa catalana de Cerdeña, de Vicenza y aun en otras ciudades italianas, en cada una de las cuales se repite la tradición, mejor o peor documentada, de que apenas llegaba el emperador Carlos, hacía nobles y caballeros a todos cuantos se topaba.

El mismo privilegio otorgó en Bolonia en la ocasión antedicha a los doctores del célebre colegio jurídico de la ciudad. Más tarde, Felipe II, su hijo y los hijos de sus hijos concedieron semejantes privilegios y mercedes sin preguntar gran cosa, con la única salvedad de cobrar abundantes sumas a cambio del ennoblecimiento otorgado a los aspirantes, según antes hemos dicho.

Probablemente el caso más cruel e infortunado de diversión de un soberano a costa de la resignación de los súbditos sea el de Federico Guillermo I de Prusia (1688-1740), padre del gran Federico, al cual hizo la vida imposible. El monarca, auténtico generador de la potencia física de la monarquía prusiana, se divertía groseramente en la mesa con sus oficiales más íntimos, con quienes fumaba y bebía cada noche. Ha pasado a la historia la rudeza, la brutalidad, la falta de compostura y gusto de aquella cuadrilla. Consta también que el objeto favorito de su diversión era un tímido y miserable cronista de la corte llamado Jacob Paul von Gundling, a quien los reunidos hacían objeto de bromas de un calibre tal como prender fuego a sus ropas, o traer a un mono vestido con ropajes parecidos a los del pobre historiador, proclamando que el animal era el hijo natural de Gundling y obligando a éste a abrazarle y besarle delante de los comensales. Comparada con estas bromas, resulta fina y mansa otra modalidad de ellas que consistía en remitir con su firma suplantada a periódicos y boletines literarios unos artículos grotescos que habían sido preparados por los reunidos en torno del rey en el curso de grandes risotadas. En 1731 el pobre Gundling murió, pero las vejaciones del rey a su costa pasaron no sólo más allá de la tumba, sino incluso a interferirse con ésta, puesto que el soberano ordenó que el cuerpo de su cronista fuera conservado, en la misma bodega, en un gran tonel de vino, al cual continuaron dirigiéndose con irrisión durante unos días los compañeros de juerga del rey. Al final, acatando presiones del clero o acaso aburrido del juego, el rey accedió a que Gundling fuese enterrado como cualquier otro difunto.

Las peligrosas chanzas de Alfonso XIII

Para nadie fue más peligroso que para él mismo el prurito de Alfonso XIII por parecer gracioso. Cierto día infausto para la monarquía, el rey visitó la casa del pintor Ignacio Zuloaga en Éibar y allí conoció personalmente a Ortega y Gasset. El diálogo ha pasado a la historia e incluso se puede decir que ha influido en el curso de ella.

–Tú eres profesor, ¿verdad? –comenzó don Alfonso, con el usual tuteo borbónico a todo el mundo, menos a los curas, que es absolutamente inexplicable.

–Sí, señor, de la universidad.

–Y ¿qué enseñas? –continuó el rey.

–Metafísica.

Al oír el nombre de la cátedra que desempeñaba don José Ortega (sin ir por clase tanto como debiera, la verdad sea dicha), es fama que el rey sacudió la mano derecha y exclamó:

–¡Huy, menudo lío debe de ser eso de la metafísica!

Alguna otra versión salpimenta tal anécdota añadiendo que don Alfonso no sólo hizo un ademán, sino que chasqueó los dedos acompañando la frase. Huelga decir que ésta aspiraba a ser ingeniosa y acaso a sonar simpática; todavía es más superfluo agregar que el suceso acabó de decidir a Ortega y Gasset a ponerse «al servicio de la República», según se llamó la agrupación que encabezó junto con Marañón y Pérez de Ayala.

Ciertamente, habrá que concluir que entre el rey y el estamento intelectual había una contradicción inevitable, porque abundaron los piques, chascos y malos entendidos que así lo indicaron. Numerosos consejeros y amigos del trono pugnaron por un acercamiento. Uno de los más caracterizados fue Canalejas, que había sido vencido por Menéndez Pelayo en la oposición a la cátedra de literatura de la universidad madrileña y le cobraría esta factura cuando estuvo en el poder.

–Ya eres tú bastante intelectual –le replicaba Alfonso XIII, cuando Canalejas, ministro, intentaba la reconciliación del monarca con las clases letradas.

Algún éxito consiguió tiempo después Romanones: tras fatigosos esfuerzos de mediación logró de Unamuno que pidiese una audiencia al rey y se prestase a ir a palacio. Cuenta el episodio un artículo del periódico *La Noche*, de Barcelona, de 26 de mayo de 1931, sin duda con un exceso de fervor republicano. El día anterior a la audiencia, don Alfonso comentó, según ese diario, en su tertulia de palacio:

–Me gustaría que vierais a Unamuno cuando esté conmigo. Debe de ser curioso ver a un sabio convertido en conejo.

Don Miguel estuvo sobrio, serio y en su sitio, tanto que el rey dio a entender que había quedado frustrado en sus esperanzas, tan borbónicas, de cazador. Cuando la madre de éste, doña María

Cristina, que conocía el designio de aquella audiencia y la valoraba mucho más que el rey, preguntó a éste:

–¿Qué tal Unamuno?

–¿Unamuno, Unamuno...? –contestó don Alfonso, turbado–. ¡Es muy aburrido!

La frase circuló en seguida por todo el palacio de Oriente y a la hora la sabía Madrid entero, comprendidos los bondadosos y suaves colegas de Ortega y de Unamuno. O estos mismos o el propio monarca le dieron la forma definitiva y popularizada de:

–Los intelectuales son muy aburridos.

Al final de su reinado, Unamuno y Ortega imprimían en Francia unas *Hojas Libres* dedicadas a combatir la monarquía. La esposa de don Miguel se disponía a entrar en España y en Irún la policía registró sus equipajes y encontró algunos de aquellos folletos. La señora de Unamuno fue metida en la cárcel de San Sebastián, cierto es que para poco tiempo. El periodista Alfredo R. Antigüedad explica el lance en un artículo de *El Pueblo* (diario de Blasco Ibáñez en Valencia), del día 29 de abril de 1931, y añade la afirmación de que Alfonso XIII dispuso tal arresto y fue el gobierno el que lo levantó.

El mismo periódico hiperrepublicano y antialfonsista reseñó el 27 de mayo de aquel año la insolencia con que el dibujante Bagaría hizo frente al rey en ocasión de estar mostrándole una exposición de cuadros en Bilbao. Debe añadirse en honor del artista que no partió de él la iniciativa de hacer de cicerone del soberano: este cometido rebotó en él, porque nadie más sabía o quería cumplirlo en aquel momento. Llegó el monarca y su grupo hasta un cuadro de Nonell, y Bagaría explicó:

–Éste es un gran pintor catalán, ya muerto.

–No me gusta –expresó don Alfonso.

–Pues es lo mejor de la exposición.

–Será de lo mejor que haya aquí, pero a mí no me gusta –mantuvo el rey.

Siguió el recorrido y, al situarse delante del lienzo de cierto artista vasco que el diario no menciona, dijo el monarca:

–¿Ves? Este cuadro está bien.

–Esto es una porquería –dijo Bagaría–, y el cuadro de Nonell, aunque no le guste a su majestad, es de lo mejor que hay en la exposición.

Aquí se acabó el incómodo diálogo entre interlocutores tan contrapuestos, y la visita regia a la muestra. Concuerda con este suceso la saña antiborbónica y el entusiasmo progre con que Bagaría continuó caricaturizando a los enemigos de la República.

El mismo periódico explica que, cuando el presidente de la República francesa, Poincaré, visitó Madrid, el rey se gozó en acompañarle en la visita al Museo del Prado, cosa que había hecho otras veces y que cumplía con acierto y agrado. Iba en el grupo el duque de Alba. Con la intención que fuese –no se sabe si laudatoria o sarcástica–, éste iba repitiendo: «Un antepasado de su majestad», cada vez que el cortejo se ponía delante de los retratos regios de Velázquez, Carreño de Miranda, Goya y demás, no siempre favorecedores. Finalmente, cuando llegaron ante *La maja desnuda*, Alfonso XIII, sospechando acaso de la buena fe del duque, creyó llegada la ocasión de devolverle la pelota, y anotó:

–Una antepasada del duque de Alba.

El insigne académico de la Historia no rearguyó, añadimos nosotros, que la identidad de la maja pintada está discutida, de modo que no consta tan seriamente como para dicho por boca de rey que la duquesa goyesca posara como modelo. Acaso pensó el duque que era mejor no meterse en complicaciones, por si acaso.

Aunque otras anécdotas muy conocidas sugieren que don Alfonso no valoraba mucho el buen nombre de su abuela, Isabel II, lo positivo es que se negó a firmar el real decreto de concesión de la Gran Cruz de Alfonso XII (equivalente y predecesora de la actual de Alfonso el Sabio) a don Benito Pérez Galdós y que no recataba su desprecio contra don Ramón del Valle-Inclán, al que *in absentia* dedicaba expresiones tan chulas como denigratorias. La condecoración de Galdós había sido gestionada por Romanones, dentro del propósito, ya indicado antes, de limar asperezas entre la corona y los escritores. Por lo demás, la misma reina Isabel II había recibido con agrado a Galdós en París y le había confiado evocaciones y conceptos.

–No olvide nunca que las cuestiones referentes a las personas son en palacio las más difíciles.

A un monarca se logra convencerle para que varíe de opinión –le comentó el viejo tuno de Sagasta a Romanones, cuando éste se lamentó del chasco padecido a propósito de Galdós–, para que varíe en cuestiones de doctrina, pero cuesta gran trabajo que la modifique si atañe a las personas.

Ha recordado esta observación don Manuel Fraga en diversas ocasiones, y en especial en una conferencia que pronunció el 3 de abril de 1981 en el Círculo de la Unión Mercantil de Madrid a propósito de Maura. En ella, Fraga subrayó la conocida singularidad de que el rey tratase siempre de usted a don Antonio Maura, «pero había recelos personales y Maura era considerado incómodo». Un nieto suyo, don Jaime Maura, ha declarado hace poco tiempo, el 3 de abril de 1994, al diario *Última Hora* de Palma, que cierta vez, siendo presidente del gobierno, Maura le expuso al rey el problema que creaban en los predios vecinos los conejos de la Casa de Campo, finca entonces de propiedad regia, los cuales eran excesivamente abundantes y dañosamente voraces.

–Los conejos de la Casa de Campo –le contestó el monarca– sólo los matan mis cojones.

El diálogo, sin duda, no llegó a tal crispación cuando los interlocutores del soberano fueron políticos más aprovechados y flexibles. Un cortesano que vio en palacio cómo Canalejas saludaba a la reina, le observó, con guasita madrileña:

–Don José, se inclina usted muy bien.

Y Canalejas, rápido, observó:

–Pues no crea, Moret lo hace mejor que yo.

Romanones comentaba en una tertulia:

–Miren ustedes, con el rey es imposible. Es muy frecuente que el gobierno acuerde lo que el rey ha de decir en algún acto, y que diga lo contrario.

Uno de los ejemplos más extremados de semejantes temeridades del rey lo dio el discurso que pronunció ante el papa Pío XI, durante la visita que efectuó a Roma en 1924, junto con Primo de Rivera, al cual presentaba como «mi Mussolini». La alocución dirigida al sumo pontífice fue de una exaltación tan desmedida que el propio Pío XI la corrigió y matizó en su respuesta, rechazando con palabras sedantes el tono de cruzada unánime que el monarca español quería atribuir a la voluntad de sus súbditos. Menéndez Pidal, en *España en su historia*, expresa el repudio que aquel discurso generó en muchos españoles sensatos, que tenían perfecto derecho a no compartir el catolicismo en armas que les atribuyó su rey. Otrosí, el discurso comprendía unas ardorosas referencias al sentido cristiano de la campaña española contra los infieles en Marruecos, tan poco oportunas que Abd-el-Krim no dudó en traducirlo y difundirlo entre las cábilas del Rif. Igualmente imprimió el cabecilla moro un parlamento que poco después pronunció Primo de Rivera en Málaga para anunciar que España se disponía a marcharse del norte de África, quedándose sólo las históricas plazas de soberanía. El general Lyautey comentó, desde el otro sector del protectorado: «Estas cosas se hacen pero no se anuncian.» Muchos moros amigos de España sintieron traicionada su dedicación a ella.

El marqués de Estella emulaba, ciertamente, al rey en incontinencia e indiscreción. José Rico de Estasén, periodista conservador, publicó en *Mundo Gráfico*, en verano de 1931, un artículo donde afirma que el cardenal Segura odiaba mortalmente al general y dio impulso a Alfonso XIII para que le defenestrara. ¿Por qué razón, aparte de todas las demás? Porque cierto día, en una ceremonia celebrada en la Academia de Infantería, en el Alcázar toledano, a la cual asistió monseñor Segura, Primo de Rivera le saludó dándole una palmada en la espalda y diciéndole cordialmente: «¡Hola negro!», frase que dejó petrificados a los circunstantes. La cólera del cardenal echó en olvido los grandes movimientos piadosos que había auspiciado el general, como la coronación de la Virgen de Guadalupe e incluso la emisión de unos billetes del Banco de España de 25 pesetas con la efigie de san Francisco Javier. La hostilidad de monseñor Segura contra el presidente del Directorio fue tan notoria que hubo periódicos extremistas que llegaron a especular con que aspiraba a sucederle en el gobierno del país, como una repetición de Cisneros, no sin la connivencia del rey.

No todos los apuntes que estamos recogiendo han de provenir de periódicos aparecidos después del 14 de abril de 1931. *La Vanguardia* de 22 de junio de 1929, con intención de adular al rey, refirió que, cuando era pequeño, su aya le reprendió por llevarse el cuchillo a la boca, cuando comía.

–Es que soy el rey –contestó el niño.

–Los reyes, menos que nadie, no han de llevarse el cuchillo a la boca –contestó la educadora.

–¡Pues este rey, sí! –exclamó triunfante el joven monarca.

En el otro cabo de su vida, ya en el exilio, Alfonso XIII era tema de un cordial artículo de *Le Matin*, de París, el 19 de marzo de 1932, donde se le atribuían estas frases:

–Yo no tengo papeles ni pasaporte. Me presento en las fronteras y digo: «Me llamo Alfonso XIII y soy un indeseable.» Los aduaneros sonríen. Me gustan mucho los aduaneros franceses: ¡son tan amables! Nunca he tenido dificultades más que en la frontera alemana. Un suboficial alemán, insolente y descuidado, se puso a inspeccionarme detenidamente. La cosa duraba ya diez minutos. Yo no pude contenerme y le hube de decir: «Soy almirante de la Armada de ustedes, general de su caballería, coronel de húsares, coronel de ulanos. Soy el rey. ¡Póngase firme!» Hablo muy mal alemán, pero me entendió.

El mismo periódico reseña también a continuación que el rey declaró:

–Cuando tenía catorce años, pasaba revista a las tropas. Era tímido, tenía miedo. Estaba rodeado por viejos generales que me observaban, pero yo tenía un amigo que era sargento de banda. Se ponía detrás de mí y me «soplaba» las palabras que yo había de decir.

«*C'était épatant!*», le dice don Alfonso al periódico francés. Y añade: «*C'est un ami ça, vous savez!*»

Un psicoanalista quizá vería relación entre esta timidez autoasumida y el empeño del rey en abaratar y empequeñecer las situaciones acudiendo a menudo a chanzas semejantes. «*Il est épatant!*», dijo «en voz bastante alta como para que le oyeran los periodistas», celebrando una conferencia que estaba dando en su honor en Versalles el marqués Robert de Flers, de la Academia francesa. Lo trae *L'Illustration*, de 2 de julio de 1921, reseñando la visita del rey al palacio, donde se abría una exposición en honor de Luis XIV. La elegante revista francesa aplaude, con sonrisa de conejo, «*l'argot royal de son arrière-neveu*».

No era menos benévolo aquel cronista de salones madrileño, «Un ingenio de esta corte», el cual, en el semanario *Gran Mundo* de la capital, atribuyó al rey que en una afectación de fastidio por posar ante un fotógrafo, le dejara «planchado», diciendo:

–Creo que voy a acabar por mandarme hacer un retrato único y definitivo en actitud de inauguración para que luego lo recorten y lo apliquen en cada circunstancia.

En otra ocasión, cuando un escultor cincelaba su busto, había comentado que le resultaría cómodo ponerlo en la ventanilla del tren para que en cada pueblo recibiera las aclamaciones de los ciudadanos cuando viajara.

Un periódico de Barcelona publicó el 16 de junio de 1922 que el rey había dicho, durante una estancia en la ciudad:

–Las carreteras de España están muy mal. Es una vergüenza. Ya saben ustedes que el avestruz come piedras y las digiere perfectamente. El caso se repite en España, en cuyas carreteras falta mucha grava que también se digiere sin dificultad.

Esta franqueza desabrochada dio lugar a otras situaciones donde los interlocutores de Alfonso XIII quedaron desilusionados, alguno de ellos, según se dice, hasta el extremo de morir del disgusto. No estamos seguros de lo último. Ocurrió un chasco así con una composición que escribió el maestro Arturo Saco del Valle, a instancias del soberano. Combinó, a modo de *pot-pourri*, fragmentos de músicas legionarias y otras de las «nubas» moras, titulando la obra deliberadamente mixta *Legionarios y Regulares*. La hizo interpretar ante Alfonso XIII, y apenas éste oyó unos compases, dio media vuelta y refunfuñó:

–Esta marcha ya la he oído.

El monarca volvió la espalda al autor y a los músicos y los dejó plantados y deprimidos. En los últimos años han aparecido los trabajos de ilustres historiadores que revelan y destacan los graves cuidados y agobios que padecía el rey tanto en lo público como en lo privado. Tienen sobrada excusa sus momentos de malhumor y nerviosismo.

IV. GUIRNALDA DE DESTEMPLANZAS

Reflexiones abstractas sobre la arrogancia de los poderosos

No necesita gran demostración que entre las personas regias y sus íntimos abunda el defecto de la arrogancia, a menudo sazonado con sus afines de grandilocuencia, vanidad y soberbia. Todas estas actitudes suelen estar integradas en el protocolo palatino, sea de la época y lugar que fuere; en tal punto, se plantea la duda de si el personaje en cuyo derredor está tejida la espesa red del ceremonial, es víctima de ella o es su cómplice, y hasta coautor. El tema es sugestivo y ambiguo porque los casos más extremados que recordamos en materia de etiqueta normativa son los de la corte imperial japonesa y la corte vaticana, y en ambos coexiste la máxima distancia respecto de la persona primacial con la mínima arrogancia de ésta, prácticamente reducida a lo mecánico en sus actitudes.

No era éste el caso de Luis XIV, de quien no consta que se rebelara nunca contra el tupido ceremonial que le envolvía durante cada minuto de su vida; sí que se sabe, en cambio, que se enfadó algunas veces que se vulneraron tales normas, y actuó para reforzarlas cuando fue del caso. No le molestaba hacer sus necesidades en público ni tener muy cerca a un tropel de cortesanos en sus episodios amorosos, de la misma manera que no le impacientaba nada la ceremonia del «*lever du roi*», en la cual cada palatino –siempre un gran señor– le iba poniendo una prenda de su indumentaria, según un exacto y dilatado ritual, ni tener que ser acompañado por cientos de personas fuera donde fuera, dentro de palacio o en el exterior. Cae de su peso que si esta pompa le hubiera molestado, la podía haber reducido en gran manera con un solo gesto de la mano.

La regia arrogancia va unida, como huelga subrayar, al intenso contento de sí mismo que embarga a un monarca. Un embajador veneciano refiere lo feliz que se sentía con su persona Enrique VIII de Inglaterra: «Decidme –le apremiaba–, ¿el rey de Francia es tan alto como yo? ¿Es tan robusto como yo? ¿Cómo son sus piernas? Mirad –añadía, poniéndose una mano en el muslo, y agregaba–. Tengo también buenas nalgas.»

Sin salir de suelo inglés ni tampoco del marco de que el monarca estuviera casado con una española, como lo estuvo este escandaloso Enrique VIII con Catalina de Aragón, veremos otra variante de la importancia que un rey anterior dio a sus propias vivencias: hablamos de Eduardo I (1272-1307), casado con Leonor de Castilla. Cuando ésta murió, en Lincoln, el rey hizo trasladar su féretro a lo largo de un trayecto tan pesado y teatral como el que hizo recorrer Juana la Loca al cuerpo de su esposo Felipe, aunque aquel otro caso anterior sea menos conocido. En cada lugar donde paró el cortejo fúnebre, el rey Eduardo hizo levantar una cruz de piedra, cosa que no se le ocurrió a nuestra reina. Una de estas cruces, la más conocida, es la de Charing Cross, de la que derivan el nombre de la famosa estación y la importante calle de Londres. El grandilocuente traslado de un cónyuge difunto a campo traviesa no fue, pues, inventado por la realeza española.

Hay ocasiones en que la altanería se disfraza de sencillez, y el Kaiser Guillermo II hizo uso de una de ellas, cierta vez en que la reina Victoria daba un solemne banquete a personas regias. A la hora de los brindis, éstas fueron levantando su copa con unas palabras en honor de «su majestad la reina», «su majestad la emperatriz de la India», y aquél habló el último para decir: «A la salud de la abuela.» De este mismo título se prevalió él –ya menos modestamente– para pasar delante de Alfonso XIII en los funerales de Eduardo VII. España se quejó arguyendo, con razón, que su rey tenía precedencia sobre el Kaiser porque había subido al trono antes, pero le contestaron con la misma historia de que el emperador alemán era sobrino y primo del difunto. El de España, si hubiera querido alargar el pleito, podía haber dicho que él lo era también político, por su matrimonio con la reina Victoria Eugenia.

Puestos a mencionar dignidades por matrimonio, y sin acabar de salir de Inglaterra, no puede pasarse por alto la anécdota del duque de Windsor (empeñado siempre en que a su esposa se le diera tratamiento regio), cuando con ésta estuvo invitado en casa del escritor Somerset Maugham, en Cap Ferrat, en la villa «Mauresque». Cuando llegaron, el ex rey dijo gravemente: «Lamento que nos hayamos retrasado un poco, pero su... –jadeo– alteza... –jadeo– real... –jadeo– no ha podido terminar antes.» Escribe Harold Nicolson: «Esas tres palabras cayeron allí como tres piedras en un estanque, y nadie sabía adónde mirar.»

De los saberes despreciados y los usurpados

Acaso sea una frase amarga adjudicada a Talleyrand la que mejor resume la actitud arrogante de algunos magnates respecto de las experiencias instructivas de la vida. Nos referimos a aquel conocido dicho de: «No han aprendido nada ni han olvidado nada», con el cual se supone que el cínico canciller de tantos regímenes sentenció el talante de los emigrados realistas cuando regresaron a Francia al término de la Revolución y el Imperio. Ciertamente, se repite que «*jamais l'exile n'a corrigé les rois*», estribillo de una canción de Béranger, escrita en 1829.

El malévolo juicio atribuido a Talleyrand fue aplicado a los miembros de la Casa de Borbón cuando retornaron a París después de la restauración. Estas palabras, sin embargo, debían de estar en el aire y ser una especie de bien mostrenco puesto que aparecen en diversos lugares inconexos y no siempre se refieren a aquella familia real. Sí la ataca directamente, y ello es muy explicable, una proclama dirigida por la guardia imperial napoleónica al resto del ejército francés, en 1815, durante los «Cien Días»: «En los pocos meses que los Borbones llevan reinando –decía–, ya os han podido convencer de que no han olvidado nada ni aprendido nada.»

Una carta del caballero de Panat, escrita desde Londres en 1796, en el seno del ambiente de los refugiados franceses en Inglaterra, hablaba de que «nadie ha sabido ni olvidar nada ni aprender nada», con lo cual se demuestra que esta pretendida ingeniosidad nació antes, a propósito de grupos indefinidos. Es verosímil que quepa aplicarla con la misma justicia a otros exiliados de diversos tiempos y países.

Si este apunte predica una actitud de cierto desdén respecto de las enseñanzas de la experiencia, los que vienen a continuación acreditarán más bien una apetencia descomedida de los poderosos por hacerse dueños de la ciencia y ponérsela por montera en la forma que a continuación se sugiere. Tal actitud toma origen en un rasgo que Suetonio y Dión Casio atribuyen a Tiberio, acaso tan falsamente como otras muchas cosas. Afirman que este príncipe empleó una vez en su expresión una palabra que no era latina. Un circunstante lo observó así y comentó con adulación que, aunque no fuera un vocablo latino, desde aquel momento se había convertido en tal. Marco Pomponio Marcelo, purista cuidadoso, se lo refutó, diciendo: «Tú, César, puedes dar la ciudadanía a las personas, pero no a las palabras.»

Quedó así establecida, más o menos subconscientemente, una tensión dialéctica entre la gramática y la potestad imperial y, cerca de un milenio y medio más tarde, el emperador Segismundo I, en el Concilio de Constanza de 1414, dirigió a los padres conciliares un discurso en el seno del cual proclamó: «*Date operam ut illa nefanda schisma eradicetur*», abominando de la herejía de Bohemia y excitando a que ésta fuera erradicada. El legado papal, cardenal Castiglione, que estaba sentado a su lado, le susurró: «Señor, *"schisma"* es del género neutro y no femenino.» El emperador contestó arrogante: «*Ego sum rex romanus et super grammaticam.*» La historia debió de calar hondo en el ambiente literario porque sin duda se refiere a ella Molière cuando dice en *Las mujeres sabias*: «La gramática, que domina incluso a los reyes...»

Copas y espadas en el imperio de Pedro el Grande

En la vida pintoresca del zar Pedro I de Rusia, llamado el Grande (1682-1725), abundan los episodios sanguinarios, a la vez que se percibe una cierta afición del interesado y sus partidarios a darles difusión y teatralidad cual si quisieran que cualquier atropello o barbaridad sonase como veinticinco. Se nota este exhibicionismo, por ejemplo, en un sucedido del año 1700: en invierno del mismo acudió en busca del zar el enviado de Brandeburgo, que era el barón von Printzeen, con objeto de presentarle sus cartas credenciales. El emperador ruso le mandó aviso de que acudiera a un barco en el cual estaba trabajando como obrero y recogió sin ceremonia alguna el documento de acreditación de aquel diplomático. Éste se creyó empero algo compensado cuando el zar le invitó a cenar aquella noche. A su vez, al llegar a la sala, se le cayó el alma a los pies porque fue enterado de que, además de consumir la cena, se iba a practicar en aquella velada la decapitación de veinte rebeldes por la propia mano del zar. Cuenta esa historia, por lo demás de solvencia discutible, que el zar fue despachando a los veinte reos con el único respaldo de tomarse una copa de aguardiente entre una ejecución y la siguiente.

Episodios truculentos de esta especie abundan en los anales de Pedro el Grande en términos sospechosos. En cualquier caso daban a entender qué tipo de imagen y significación quería atribuirse el soberano. Es ya más plausible la fama de que estuvo en los astilleros de la ciudad holandesa de Saandam haciendo prácticas de carpintería naval. El episodio llegó a tener música, porque en la primera mitad del siglo XIX el alemán Lortzing compuso una ópera fundada en el mismo, *Zar y carpintero*. Aun así, esta experiencia duró en realidad sólo siete días mondos y lirondos, dentro del mes de agosto de 1697.

Una semana de vacaciones veraniegas se pasa de cualquier manera y no es mucho para acreditar en el emperador el deseo de aprender oficios europeos. Sin embargo, sí que bastan siete días para una aventura amorosa y el vigoroso emperador la vivió –incluso en plural– en aquel rápido intermedio holandés.

No es imposible que hubiera también una cierta escenificación en el afán del zar Pedro por aparecer en público de modo llano y descuidado, huyendo de encabezar los cortejos y situándose por el contrario en el lugar más humilde de ellos; presentándose voluntario para bombero, soldado y cualquier otro servicio, y, en suma, haciendo tanto alarde de modestia que acababa como proclamación altanera de autoridad. Esto no se contradice con que en los ratos en que el monarca prestaba auxilios de esta especie prodigara la actividad y hasta la agitación, estando en mil tareas a la vez y desempeñándolas entre gritos, sudores y jaleos varios. Se debía sin duda esta exuberancia tanto a su constitución hercúlea como al afán de organizar un pueblo del cual el zar no se recataba en decir que era una horda semisalvaje a la que había que educar y poner en fila. Acaso para distraerse de esos afanes pedagógicos, Pedro el Grande se concedía algunas expansiones que se avenían más con el folclore más estrepitoso de sus gentes, que con las ideas europeizantes abstractas de él.

Así, ha pasado a la historia la extravagante y cruel boda que organizó en obsequio de su viejo preceptor Nikita Zotog, el cual tuvo, a los ochenta y cuatro años de edad, la ocurrencia de casarse con una lozana viuda de treinta y cuatro. El zar quiso que la ceremonia tuviera rango cortesano y la montó con todo esmero. Los invitados habían de llevar máscaras necesariamente. Cuando llegaban, eran anunciados por cuatro lacayos, para hacer cuyo papel el zar buscó a los más graves tartamudos que pudo encontrar en todo el país. Para camareros reunió un grupo de ancianos decrépitos e inválidos, cuya visión inspiraba una mezcla de tristeza y repulsión. El propio emperador actuó en el festejo tocando el tambor; la pareja feliz partió en un trineo tirado por osos. El sacerdote oficiante tenía cien años de edad, estaba en plena demencia senil y los esbirros del zar le hicieron cometer toda clase de payasadas.

Un aspecto más peligroso de esta mezcla de curiosidad y excentricidad, tan característica del soberano, fue un interés apasionado que le asaltó por la anatomía humana: la estudió conforme a su manera desordenada de acercarse a los saberes y ordenó que se le avisara cada vez que hubiera alguna operación quirúrgica cerca de donde él se encontrara, y no sólo para presenciarla –que hasta aquí la cosa no tenía mucho de particular– sino para tomar parte en ella con los cuchillos en las manos. Esta segunda parte se hizo tan conocida que en toda el área vecina las gentes se ocultaban de estar enfermas y tener que ser operadas para que no se diera el caso de que el monarca quisiera hacerles el favor de intervenir.

Del mismo estilo es la fobia que tomó contra el uso de las barbas a partir del viaje que hizo por Europa en abril de 1698. Se fabricó la idea de que las barbas, tradicionales en su país hasta aquel momento, eran un símbolo de arcaísmo y rusticidad, las prohibió y se sumó personalmente a la represión de las mismas, afeitando con sus propias manos a sus cortesanos. Más tarde, a medida que advirtió que esta tarea iba a ser extensa y fatigosa, la encomendó al bufón de su corte, el cual la desempeñaba entre jocosidades y tumultos. En una fase sucesiva, decretó que todos los rusos, exceptuando los popes y los campesinos, se quitaran la barba, y ordenó a los militares y funcionarios que se ocupasen personalmente de afeitar en el lugar y hora que fuere a cualquiera que apareciera con pelo en la cara. Una variante excepcional de la prohibición consistió en que para llevar barba, si se tenía empeño en ello, había que pagar un impuesto, del cual era recibo una especie de medalla que pendía de un collar y acreditaba que los portadores habían quedado en paz con el fisco.

Entre otros inventos tributarios no menos chuscos y un si es no es acres y sarcásticos que hizo el zar Pedro figuran los impuestos que estableció sobre nacimientos, bodas y entierros, los sombreros, las camas, los baños, las colmenas, las chimeneas para calentarse, la leña y el agua que beber; estableció monopolios de estado sobre el alcohol, el ajedrez, el tabaco y los ataúdes, sectores que poco más o menos han sido luego también objeto de estanco oficial en múltiples países, comprendido en algún momento el nuestro.

Podemos dejar entre sombras unas páginas tristes y tenebrosas de su vida como fueron el proceso y muerte de su propio hijo, su costumbre de intervenir personalmente en el interrogatorio con tortura de procesados, el envío de su hermanastra y su esposa a la reclusión en un convento y otros usos y abusos de autoridad, acaso acordes con la rudeza de las costumbres de la sociedad que le rodeaba y el atraso de su nación.

La tradición posterior, empezando por Catalina, no menos «Grande», ha aplaudido sin cesar la memoria de Pedro I, porque los gobernantes han visto en él una especie de aval de sus sucesivas y continuadas arbitrariedades. A los cincuenta y tres años de edad, prematura para la muerte en una constitución como la suya, incluso en aquella época, el rey falleció víctima de un resfriado contraído por el elogiable motivo de echarse a unas aguas heladas para salvar a los náufragos de un barco que estaba en peligro.

La arrogancia y el desenfado de Pedro I fueron heredados –aparte de la corona imperial, y esto con malas artes– por su hija Isabel, la cual se merece una rápida recordación.

Probablemente habrá habido otras soberanas presumidas llamadas también Isabel, pero el dechado de perfeccionismo en su imagen está dividido *ex aequo* entre la emperatriz Isabel de Rusia (1709-1762) y la emperatriz Elisabeth de Austria (1837-1898); a esta última dedicamos un capítulo aparte por otras circunstancias peculiares de su figura.

La emperatriz Isabel de Rusia fue sin duda una de las mujeres más presuntuosas y arrogantes de la historia y, para decirlo en dos palabras, se propuso ser en todo momento la figura más deslumbrante de su corte, por artes legítimas o ilegítimas. Las dos le eran necesarias puesto que la naturaleza no la había favorecido de modo especial, aún cuando tampoco sea correcto calificarla de fea. La obsesión que la guiaba por ser siempre, como dice el espejo del cuento, la más bella del país, le inspiró medidas poco usuales: después de haber dedicado a tal empeño prácticamente todos los caudales de su tesoro, comprando enormes cantidades de vestidos pomposos que no tenía tiempo material ni de mirar, pasó a dificultar la competencia de alguna imaginaria rival, prohibiendo por imperial decreto que entraran modelos y ropas del extranjero enviados a sus súbditas sin que ella los autorizara. Apenas hará falta añadir que convirtió igualmente en un crimen perseguible de oficio el llevar vestidos del mismo corte o género que los de la zarina.

Esta última disposición era difícil de observar porque los almacenes imperiales llegaron a reunir hasta quince mil vestidos de todos los cortes, materias, estilos y finalidades. Por fortuna para las damas rusas, un fuego convirtió en cenizas cuatro mil de ellos en el año 1744, pero quedaron muchos a salvo y la emperatriz encargó más. Dentro de la misma tónica, tenía dos grandes baúles llenos de medias, otros dedicados a guardar ligas y cintas, y contaba con más de un millar de pares de zapatos. Aún cuando de modo habitual se cambiaba de vestido seis veces al día, le quedaron muchos sin ponerse y ella se enorgullecía de que jamás usó ninguno dos veces.

La emperatriz de Austria tenía más finura y malicia que su colega eslava pero era más implacable que ésta en el culto a su belleza, aunque sólo fuera por la importante razón de que esta hermosura era mil veces mayor y se había convertido ya en un tesoro de resonancias mundiales. Conforme repetimos en otras páginas, la preocupación de la emperatriz austríaca se centraba obsesivamente en varios puntos de su persona: en el cuidado de su larga y espectacular cabellera, a la cual dedicaba varias horas al día, asistida por diversas personas que habían de conducirse con singular precisión y esmero, echándole sustancias tan descomunales como un champú compuesto de veinte botellas de coñac francés batido con las yemas de una docena de huevos; además la emperatriz prohibía que se le secase artificialmente, de modo que confiaba tal operación al viento y a pasarse largo rato caminando por las galerías de palacio; seguía entre sus centros de inquietud la vigilancia de su cutis, al cual aplicaba por las noches una máscara compuesta muy a menudo de carne cruda; en otras circunstancias, era de fresas machacadas, y si no, una simple crema vulgar, cuya receta por lo demás, no conocemos; venía luego la vigilancia de su cintura al servicio de cuya esbeltez, martirizaba a sus modistas, según antes hemos dicho.

La cólera de Eduardo VII como hijo agraviado

Eduardo VII de Inglaterra (n. 1841-m. 1910), hijo de la reina Victoria, ha pasado a la historia como un soberano ligero de cascos, amante de los placeres y dedicado en gran medida a ornamentar y alegrar el mundo en que se movía, pero esta fama no hace justicia a una faceta colérica y enfermiza de su personalidad que suscitó vivos incidentes en momentos en que el rey reaccionó contra la aureola de relajo que él solía provocar y reclamó imperiosamente que se le tratase con el debido respeto. De modo más concreto, se dolió de la larguísima espera a que le obligó la longevidad de su famosa madre que recortaba el previsible reinado de él hasta unos límites bastante insuficientes; de este modo, Eduardo VII, cuando estuvo en la plenitud de sus potestades (1901-1910), tomó algunas medidas exageradas, cuya única explicación radica en los largos decenios que llevaba maquinándolas en su cráneo.

La primera y más directa fue cobrar venganza contra un singular personaje de la intimidad de su madre la reina, el cual había estado mortificándole durante media vida y encendiendo en él la que antes hemos estimado como peligrosa cólera de los grandes. Estamos hablando del curioso escudero escocés que tuvo la reina Victoria al servicio de su casa, primero en época de su matrimonio con el príncipe Alberto y más tarde durante su larga y severa viudedad. Llamábase esta persona John Brown y vivió de 1826 a 1883, lo cual indica que la reina Victoria tuvo dieciocho años de soledad para llorar su memoria en términos que sin duda fueron desmesurados. En otros lugares, por ejemplo, *El reverso de la historia*, hemos tratado de este escocés de las tierras altas, gigantesco, rudo, malcriado y altivo que se apoderó de la confianza de la real pareja mediante la simplicidad y eficacia de los servicios que les prestaba, sobre todo en sus temporadas de vacaciones en Escocia. Desplazando a cualquier otro servidor doméstico y convirtiéndose además en jefe fáctico de todos ellos, Brown cuidaba desde preparar el té –al cual echaba un chorro de whisky que nadie mencionaba pero todo el mundo aplaudía– hasta organizar una merienda en la montaña, escoltar a la familia real contra algún terrorista que se atrevió a acercarse a ella, y en suma cuidar de su comodidad y sosiego en términos simples y gratos.

¡Qué duda cabe de que los políticos primero y los cortesanos y periodistas más tarde fueron murmurando con creciente acritud de las confianzas que se tomaba John Brown en palacio, hasta los extremos menos defendibles! Todo el mundo estaba dispuesto a tolerar que en cualquier viaje él hubiera de vivir en la habitación inmediata a la de la reina. Se admitía que estuviera presente en sus comidas, vigilando cualquier cosa que ocurriera en ellas, comprendido desde luego el tomar parte en la conversación. Más difícil era aceptar que dispusiera de la puerta de la reina en forma tal que nadie entraba a verla sin su permiso, aunque se tratase del primer ministro o del príncipe de Gales.

Este último, que es el que ahora nos ocupa, fue mirado como un niño cualquiera por el omnipotente John Brown y no sería extraño que hubiera recibido algún cachete de su mano. Son numerosos los episodios en que el criado cerró el paso al príncipe cuando éste pretendió entrar a ver a su madre. «¿Qué queréis? –le preguntaba sin cumplidos–. No la veréis hasta las cinco», le decía al futuro Eduardo VII, si es que le pasaba por la cabeza poner un plazo concreto. A lo mejor añadía: «Id a dar una vuelta y volved más tarde», todo ello acaso sin levantarse de la silla donde estaba leyendo el periódico ni apartar los ojos de éste.

A medida que el heredero de la corona fue ganando años, y le quedaban muchos por delante, su aborrecimiento por John Brown creció hasta extremos salvajes. A la altura de sus veintisiete años, en 1868, se habló de que el heredero había contratado a un boxeador profesional para que le pegase una paliza al criado, cosa más fácil de imaginar que de hacer, porque éste en varias ocasiones probadas se las había habido victoriosamente con más de un matón.

Paradójicamente, el furor del príncipe Eduardo y de muchos que pensaban como él contra John

Brown llegó a la cúspide cuando este personaje hubo fallecido de modo impensado, por efecto de una enfermedad de suyo ligera. La reina Victoria pensó publicar *urbi et orbi* el diario íntimo de ella donde Brown aparecía incesantemente, citado además con las palabras más cariñosas. La reina no sólo le erigió un monumento en el parque de Balmoral, sino que colocó una lápida conmemorativa en un mausoleo real. Encargó numerosos bustos representativos de Brown, uno para su tumba y varios para los rincones de sus jardines y sus habitaciones. Los periódicos no dejaron de bromear, según ya habían hecho en años anteriores, acerca de este raro afecto.

El príncipe Eduardo, como no cuesta creer, andaba como un toro furioso por entre tanto busto y tanta lápida. Las suertes estaban echadas, y en 1901 llegó el día de la venganza: murió la reina y subió al trono Eduardo VII. Lo primero que emprendió con fogoso furor fue eliminar hasta la última huella del odiado servidor de su madre: lápidas, monumentos, bustos, documentos, retratos y recuerdos se fueron por los aires o aterrizaron en las chimeneas de los reales palacios, hasta el punto de que no abundan hoy los testimonios de la extraña y comentada relación entre la reina Victoria y su fiel criado.

Para ver al rey Eduardo tan enfurecido había que retroceder a cierta jornada del año 1875 en que visitó clandestinamente a su enamorada francesa del momento, la princesa Jeanne de Sagan, en casa de ésta. La señora le guió hasta las habitaciones más interiores y el príncipe inglés le presentó en ellas todos sus respetos. Mientras tanto, en el saloncito anterior al dormitorio, un niño de la dama se sorprendió de ver por el suelo unas ropas de hombre dispersas y no tuvo otra idea que abrir el balcón y tirarlas todas a la calle, donde además parece que cayeron en unas fuentes que había delante de la casa. Cuando salió el príncipe de Gales de aquel coloquio íntimo, vio sólo el balcón abierto, oyó algún vocerío que subía de la calle y vio la mirada traviesa de un niño que parecía decirle: «¿Y ahora, qué?» El príncipe, que ha dejado fama de vestir con exquisitez, tuvo que salir a la calle con cuatro prendas ocasionales que le proporcionó la señora de la casa con apresuramiento.

El recuerdo de semejante ridículo no le privaría de mostrarse especialmente ácido con las señoras y los caballeros a quienes encontraba en los actos de la corte y de la sociedad, y cuya indumentaria comentaba crítica y a veces cruelmente. En otros pasajes de este libro, nos pronunciábamos contra el escaso garbo de los personajes poderosos que abusan de su condición para decir desahogos y chascos cuando saben que no les podrán ser contestados.

Moraleja acerca de la descortesía en los poderosos

El concepto de descortesía en el poderoso parece estar lleno de matices y circunstancias, y no es del caso traer una anécdota para cada caso: puede darse una descortesía relativamente mansa que consiste en la mera ausencia de cortesía: puede darse un grado más duro de ella si se entra en la ruptura franca de las normas; y cabe –todo es empeorable– añadir sal y pimienta a tal agresión si se aprovecha a fondo que la víctima no esté en condiciones de responder del mismo modo, lo cual es equivalente a la alevosía en Derecho penal.

Fue así una actitud insólita la de cierto sirviente de Versalles a quien una persona regia le gastó una broma tonta –un cachete, o un empujón o algo así– y le contestó: «Dígnese dedicar estas bromas a sus iguales.» Muy bien.

En las páginas que siguen veremos casos de abuso real cometidos a costa de quien no puede reaccionar. Alguna vez la respuesta le ha costado la vida al inferior que se ha atrevido a ella. Así le ocurrió a santo Tomás Becket con Enrique II de Inglaterra (1154-1189), según es sabido. En cierto momento agudo de las discusiones entre ambos, el rey perdió los estribos y le gritó:

–No quiero que me eches sermones. ¿Acaso no eres hijo de uno de mis siervos?

–Cierto es, señor –respondió el arzobispo–, que no soy de sangre real, pero tampoco lo era san Pedro.

A otros dos santos, Tomás Moro (1478-1535) y John Fisher (1459-1535), les costó también la cabeza el enfrentarse con otro Enrique de Inglaterra, el VIII. No obstante, hay casos en que el inferior descarado no sólo ha salvado la vida, sino el amor propio. Uno de ellos forma parte del ramillete de desvergüenzas que legó a la posteridad Fouché, el tenebroso ministro de Policía de Napoleón. Éste, para chincharle, le dijo un día, delante de la emperatriz María Luisa:

–He oído decir que fuisteis uno de los que votaron la condena a muerte de Luis XVI, tío de vuestra emperatriz aquí presente. ¿Es cierto?

–Cierto, majestad. Y aquél fue el primer servicio que os presté a vos.

No era menos desinhibido el célebre Casanova, el cual tuvo la satisfacción de poner en su sitio a José II de Austria. El príncipe de Ligne cuidó de presentar al aventurero ante el emperador, y éste adoptó una actitud altiva ante ambos, y, con el fin de poner incómodo a Casanova, le preguntó, refiriéndose a Ligne:

–No aprecio mucho a los que compran títulos de nobleza.

–¿Y a los que los venden? –dijo Casanova, aludiendo al abuso con que los soberanos de muchos países de Europa estaban haciendo noble a cualquiera, a cambio de una suma de dinero.

Menos suerte tuvo el interlocutor de otro monarca, de nuevo un inglés, y también un Enrique, el VII, que reinó de 1485 a 1509. Se enteró este rey de que cierto astrólogo había vaticinado que el rey moriría dentro de aquel año. Le mandó llamar y le preguntó:

–¿Eres hábil en predecir el futuro según los astros? ¿Sí? Pues, dime, si puedes, dónde te encontrarás en estas próximas Navidades.

El astrólogo vaciló y tartamudeó y el rey le dijo:

–¿No lo sabías? Pues yo voy a ser mejor astrólogo que tú. ¡Estarás en la Torre de Londres, preso!

Hay que decir en descargo del monarca que le liberó al cabo de breve tiempo.

Tiene menos gracia un intercambio de impertinencias que, según se dice, hubo entre el zar de Rusia Alejandro I (1801-1825) y el rey Luis XVIII de Francia (1814-1824), cuando los aliados contra Napoleón ocuparon París y repusieron a este soberano en su trono. El zar se quejó de lo mal alojado que estaba y un cortesano francés le respondió, con cierta inoportunidad, que el rey de Francia no había tenido tiempo de ocuparse de que estuviera mejor instalado. Alejandro I parece que contestó:

–Pues si no se puede ocupar él, que ordene a la duquesa de Angulema (su sobrina) que le sustituya en este cometido. Seguro que lo hará muy bien, con el aspecto de moza de servir que tiene.

Se ha repetido mucho la sentencia de que la puntualidad es la cortesía de los reyes, y, ciertamente, está bien fundada. El último monarca de Alemania, Guillermo II (1888-1918), ha dejado una estela de rasgos de arrogancia entreverados con alguno de franca descortesía. Dícese que en ocasión de un viaje a Italia, en su juventud, el kaiser quiso visitar el palacio de una condesa veneciana. Se convino que la visita se haría a las nueve de la mañana. A las diez, llegó un palaciego para decir:

–Su majestad se está retrasando porque se ha alargado su visita al monasterio de Tal.

A las doce, acaso con otros recados en medio, llegó una llamada por teléfono:

–El emperador se excusa porque está tomando un refrigerio...

A las dos, continuaba la espera y sonó el teléfono de nuevo:

– Su majestad desea excusarse ante la señora condesa...

La condesa, que había tomado el teléfono, interrumpió para decir indignada:

–La señora condesa tiene costumbre de sentarse a la mesa a las dos y después duerme la siesta hasta la cinco.

La visita imperial ya no se celebró.

Otro caso hay, entre muchos, de frescura con el cual se deseó corregir otra destemplanza de origen regio. Dícese así que cierta vez, entre las muchas, que el rey Faruk de Egipto estaba jugando en un casino, se dio cuenta de que una señorita que estaba delante de él, al otro lado de la mesa, sacaba un cigarrillo y no tenía fuego para encenderlo. Faruk, con un exceso de desenvoltura, le lanzó su encendedor de oro a través de la mesa y la joven lo cogió, lo usó y tiró el mechero, a su vez, al *croupier*, con el grito clásico de tales establecimientos:

–Pour les employés!

La procaz tertulia de Fernando VII

Fernando VII tuvo más de un rasgo encomiable y beneficioso, pero puso empeño en esconderlo. Siempre estuvo incómodo e inseguro en la compañía de las personas solventes y se sintió, en cambio, feliz entre mastuerzos, confidentes, truhanes y golfas. La muestra más continuada y estable que dio de su afición a tales relaciones fue su tertulia, tristemente célebre, que le servía a la vez de encuesta, noticiero, consejo y diversión.

Tras haber cenado en familia –cosa nueva en palacio y nada censurable–, Fernando VII pasaba a la antesala de su cámara, en donde hasta que sonaban las once hacía tertulia con sus amigos íntimos. Los ministros y cortesanos, como no fuesen llamados, no tenían sitio en la reunión: únicamente el superintendente de Policía se presentaba a última hora a dar el parte a la «camarilla», como todo Madrid llamaba a aquel grupo de elegidos.

El rey, fumando un veguero, entraba en la estancia adornada por *Los borrachos* de Velázquez, y el retrato de Felipe II por Pantoja de la Cruz. Estaban allí esperándole «Chamorro», Ugarte, el duque de Alagón, el de San Carlos, Ramírez de Arellano, el canónigo Ostolaza, el secretario de Estado padre Damián Sáez, el embajador ruso Tatischev –figura de mucha talla, totalmente desenmarcada en la tronada España de la época– y el conde de Castro-Terreño, además de otros eventuales visitantes.

Acomodábase Fernando en un sillón, y decía gravemente:

–¡Sentaos!

En seguida, dirigiéndose a su ayuda de cámara, que no se separaba de su lado, encargaba:

–Artieda, trae cigarros y dales a éstos.

Cumplía el lacayo lo que se le mandaba con tanta rusticidad y tomando cada cual el puro, la tertulia quedaba abierta.

–¿Qué se cuenta por ahí? –solía ser la frase de introito.

«Chamorro» había sido aguador en la fuente del Berro y por simpatía de Fernando, cuando era príncipe de Asturias, ascendió a proveedor real y algo más adelante fue agregado a su servidumbre.

Solía ser quien tomaba la palabra para poner al tanto de la vida matritense a la reunión.

Luego en la «camarilla» se hablaba de los bailes plebeyos que había en los barrios de Lavapiés y del Rastro, del «ganado» nuevo que había en casa de Pepa *la Malagueña* y otras mancebías, de la última corrida de toros y de los desdichados que habrían de bailar en la horca de la plaza de la Cebada.

Si había algún tema político interesante para aquellas mentalidades, el padre Damián Sáez tomaba la palabra, o Ugarte, que en su mocedad fue esportillero. Llegó éste, mediante servicios de estilo muy secreto, a ser un factótum de Fernando y traía atados los hilos de las intrigas que a espaldas del gobierno tejía el rey. Entre risas se disponía de la libertad y la vida de muchos hombres honrados. Allí brotaron las persecuciones de 1814, en que fueron llevados a presidio figuras tan ilustres como Argüelles, Calatrava, Nicasio Gallego, Martínez de la Rosa, y condenados a muerte sabios como Antillón. Dábanse prebendas, no al mérito sino a paniaguados y parientes de aquella tropa, y se llegó a aderezar que al rey le tocase el premio mayor de la lotería.

Reseñando tan penoso cuadro, el ministro Lardizábal, de pura cepa absolutista, ha dejado escrito: «A poco de llegar S. M. a Madrid, le hicieron desconfiar de sus ministros y no hacer caso de los tribunales ni de ningún hombre de fundamento de los que pueden y deben aconsejarle. Da audiencia diariamente y en ella le habla quien quiere, sin excepción de personas. Esto es público; pero lo peor es que por la noche da entrada y escucha a las gentes de peor nota y más malignas, que desacreditan y ponen más negros que la pez a los que le han sido y le son más leales y a los que mejor le han servido; y de aquí resulta que, dando crédito a tales sujetos, S. M., sin más consejo, pone de su propio puño decretos y toma providencias, no sólo sin contar con los ministros, sino contra lo que ellos le informan. Ministro ha habido de veinte días, y dos hubo de cuarenta y ocho horas. ¡Pero qué ministros!»

Ciertamente, los ministros de la época no merecían a veces mucho respeto, y cabe atribuir a la «camarilla» cierta vaga utilidad como contrapeso –procaz y corrupto, por lo demás– del gobierno. El ministro Tomás Moyano, el mismo día de su nombramiento, firmó credenciales para veintidós parientes suyos. Otro, Macanaz, acusado de traficar con empleos y dignidades, fue conducido desde el despacho al calabozo. «Cuéntase –dice Lafuente– que divulgado este vergonzoso tráfico por la corte, y habiendo llegado a oídos del rey, quiso Fernando cerciorarse por sí mismo de todo, sorprendiéndole en su propia casa. Que, al efecto, se dirigió a ella una mañana muy temprano (8 de noviembre de 1814) a pie, y como un simple particular, acompañado sólo del duque de Alagón, su confidente, aunque seguido a corta distancia por un piquete de su guardia. Que sorprendió, en efecto a Macanaz en su lecho y, apoderándose de los papeles de su escritorio, encontró en ellos pruebas del abuso que se le atribuía, con cuyo motivo le intimó al arresto y volvió a su palacio condenándole al castillo de San Antón, en La Coruña.»

Llegó a ministro de Gracia y Justicia Juan Lozano de Torres, hombre ignorante, que convirtió la *Gaceta* en instrumento de la más baja adulación. Entre otras enormidades decretó que numerosos ayuntamientos le nombrasen regidor perpetuo. «De tal modo –escribe Miraflores–, que a haber estado algún más tiempo en el poder hubiera sido regidor perpetuo de todos los ayuntamientos de España.» El rey le otorgó la Gran Cruz de Carlos III por un decreto que atrajo las burlas del país entero pues decía así: «En atención a los méritos de mi secretario de Estado y de despacho de Gracia y Justicia, don Juan Lozano de Torres, y en premio de haber publicado el embarazo de la reina mi esposa, he venido en concederle, etc...»

En aquella tertulia de antesala –dice Lafuente– «tan poco correspondiente a la dignidad de la corona y tan contraria a la ceremoniosa gravedad del alcázar de nuestros antiguos soberanos; entre el humo de los cigarros y la algazara producida por tal gracejo o chiste de la conversación, se iniciaban y fraguaban los proyectos o resoluciones que, en forma de leyes, se dictaban para el gobierno de la monarquía. Y allí se levantaba el pedestal de hombres oscuros e incapaces y se preparaba la caída de altos funcionarios o la persecución y aniquilamiento de hombres eminentes».

El capitán general Villavicencio decía a su sobrino, Alcalá Galiano, que en tiempos de Carlos III sus oficiales tenían tal respeto al rey que jamás se hubieran atrevido a jugar, aun sabiendo que el monarca nunca salía de sus habitaciones por la noche, y que en tiempos de Fernando VII, aun teniendo las guardias conocimiento de que salía el rey todas las noches, jugaban como si tal cosa. Con lo que se probaba la diferencia de una a la otra majestad.

En las audiencias, a las que de ordinario asistía el confidente del rey, duque de Alagón, «es fama –nos dice Lafuente– que por medio de señas convenidas se entendían los dos acerca de las circunstancias y cualidades de las damas que iban con memoriales y solicitudes; de donde tuvieron origen escenas y lances novelescos, cuya relación entretenía la corte y no redundaba en honor de S. M».

Durante algunos de estos años, de 1819 a 1829, fue esposa del rey María Amalia de Sajonia, devota, delicada y poeta, que le escribió en ocasión, entre otras muchas, de salir el rey de viaje unos emotivos versos:

¡Adiós, Fernando, adiós! Nos ha llegado
la hora fatal de la separación;
hagamos, pues, con ánimo esforzado,
el sacrificio a nuestra fiel nación.
Anda, pues su felicidad lo exige,
calma de los partidos el furor,
y Dios, que sólo nuestra suerte rige,
vaya contigo como protector...
Une bajo tu cetro dulce y fuerte
a los que un falso celo dispersó;
y diga toda Cataluña al verte:
el Rey es libre y como libre obró.
Anda, Fernando, y vuelve coronado
con la oliva de pacificador.

Algunas de esas páginas de la vida de Fernando VII me hizo el honor de comentarlas conmigo el conde de Barcelona, unos meses antes de agravarse en su última enfermedad. En unas inolvidables conversaciones en su residencia de la calle de Lanza Hita, don Juan de Borbón me aprobó que yo dijera que «alguna cosa buena hizo el rey Fernando» y tuvo la delicadeza de no enumerarlas él sino esperar a que lo hiciera yo. No tardé en mencionar la creación del Museo del Prado, por ejemplo. Asintió y, como para jugar a invertir las posiciones, fue él quien me contó una picardía inédita de su antepasado. En cierto momento de sus trapacerías, le convino a Fernando VII contratar –dijo–, por medio de la «camarilla» precisamente, los servicios de una pandilla de golfos de la calle, los cuales habían de insultar y apedrear al rey... de mentira, para que éste tuviera base para decir luego tal o cual cosa: se efectuó la operación y, por la noche, les pagó y dijo:

–Pero ¡habéis exagerado en la pedrea! ¡A poco más me acertáis de verdad!

Leopoldo II de Bélgica, «cínico implacable y desdeñoso»

La historia conoce desde hace muchos años con escándalo la desaprensión del rey Leopoldo II de Bélgica (1835-1909), que subió al trono en 1865 como segundo soberano de aquel país. Sin embargo, los reproches se suelen centrar en dos puntos concretos: el abuso que hizo de las riquezas y las personas de la colonia del Congo, la cual fue propiedad particular suya entre 1885 y 1908, y la aplicación de tales lucros a una vida de libertinaje. El capítulo más comentado de ésta fue el presidido por la seductora Cleo de Mérode. A las arcas insaciables de la beldad fueron a parar en buena parte los resultados de la penosa y novelesca exploración del Congo por Stanley. El rey Leopoldo había financiado con sagacidad de empresario los estudios y viajes de este gran hombre, entre 1879 y 1884, y se apropió del resultado de ellos, con el visto bueno de la Conferencia de Berlín de 1885. Allí fue repartida África entre las grandes potencias europeas con la ausencia de probidad, sensatez y eficacia que el lector puede evaluar a la vista de los resultados de su colonización, o de su falta de colonización.

Mas volvamos a las tropelías de Leopoldo II, y a la que nos parece más hiriente y gratuita. Para opinar así, nos apoyamos en la autoridad del kaiser Guillermo II. En su libro, antes citado, *My early life,* dice del monarca belga: «No estoy quebrantando ningún secreto al decir que era un cínico implacable y que desdeñaba al prójimo.» Refiere, para demostrarlo, que, durante cierta visita del emperador alemán a Bruselas, el rey le fue presentando a sus ministros. «Lo hizo con habilidad consumada, deteniéndose con estilo ingenioso en la personalidad de cada ministro, su familia, su cargo y en la glosa de cómo brillaba en su ejercicio.

Todo esto, naturalmente –dice el kaiser– en francés, pero de vez en cuando cortaba para hacer apartes sarcásticos dirigidos a mí en alemán, con imprudentes comentarios acerca de los personajes en cuestión, los cuales, ignorantes del idioma, estaban inadvertidos de tales burlas.»

En este punto, es inevitable que observemos que el conocimiento del alemán no es un don tan raro que permita concederse estas libertades, y menos en Bélgica, donde resulta que es uno de los tres idiomas oficiales del país, junto con el francés y el flamenco. Si tuviéramos en este momento el honor de estar escuchando al emperador en semejante relato, es probable que se nos escapase el levantar ligeramente la ceja izquierda, pero como ahora es del rey de Bélgica del que hablamos, vamos a dejarle seguir explicándose a su manera:

«Daré un ejemplo de esto –precisa–. Me presentó a su ministro de la Guerra, que llevaba una guerrera con muchas aplicaciones, pantalones de montar blancos, botas altas y un sombrero con plumas que me hizo pensar en uno de los generales de Napoleón. Hablando en francés, el rey Leopoldo enalteció su mérito, ponderando sus cualidades y hablando con mucho énfasis de sus servicios al ejército y al país. Yo estaba intentando contestar con unas breves palabras de encomio en francés, cuando mi anfitrión me susurró en alemán: "Debo decirte que su excelencia proviene de tropa, donde era tambor mayor, y que a pesar de sus botas, no sabe montar, de modo que cuando yo galopo pasando revista a mis tropas, insisto en que se ponga a mi lado y lo más frecuente es que se caiga del caballo..." De este modo, todos sus ministros tuvieron que sufrir el humor caprichoso de su señor, mientras yo experimentaba las mayores dificultades en reprimirme de estallar en carcajadas.»

Esta tesitura volvió al final del banquete oficial que el rey Leopoldo ofreció a su invitado. La conversación se extinguió paulatinamente en espera del discurso del soberano, salvo en un punto de la mesa, donde el conde Felipe de Flandes, hermano de aquél, siguió hablando con su vecina de mesa, la condesa Grünne, dama de la reina. El conde de Flandes era sordo como una serpiente (no siempre se ha de utilizar el símil de la tapia) y se parecía a tales reptiles en la maldad con que estaba escarneciendo, con la voz destemplada propia de muchos sordos, a los personajes de la mesa y de la corte. La condesa estaba muy violenta, porque se daba cuenta de que los disparates de su vecino se oían en la sala tras haberse callado todo el mundo.

«Mi querido sobrino –sigue narrando el Kaiser que le dijo el rey Leopoldo–, ya te das cuenta de que la condesa Grünne me está suplicando que me levante y ponga fin a esta situación tensa, pero no pienso hacerlo. Dejaré que mi buen hermano siga hablando, porque es la única manera de que me entere de cosas que nadie se atrevería a explicarme.»

Sin duda, daba gusto estar al servicio de aquel rey de Bélgica.

Fe de erratas del ceremonial británico

Desde hace siglo y medio, la corte británica goza de la fama de olimpo de la etiqueta y el protocolo, en forma tal que el mundo entero venera las emanaciones instructivas que derivan de sus fastos y ceremonias. Sin embargo, este renombre admite reparos puesto que en aquellos mismos palacios se han cometido enormes actos de descortesía y rusticidad.

Se habla así de la afición de Eduardo VII a gastar bromas groseras, especialmente en los largos años que pasó antes de ser rey, en los cuales se concedió toda suerte de expansiones. Algunas de ellas han sido ya reseñadas en otros capítulos de este libro. Vayamos ahora a aludir a las que eran contrarias a los buenos modales e incluso a los buenos sentimientos.

Al quebranto de este último sector condujo el bromear a costa de un ciego como era el duque de Mecklemburgo, a quien Eduardo VII invitó a palpar el brazo de una señora enormemente obesa y le indicó: «Mira, mira, ¿no te parece que tiene una cinturita muy fina?», con lo cual provocó la carcajada general a costa de la pobre gorda y del pobre duque. En la misma o parecida ocasión, se divertía en verter una copa de brandy encima de la cabeza o por el cuello de la camisa de Christopher Sykes; esta persona, que al parecer gozaba de la simpatía del príncipe, fue víctima de chanzas tan pueriles como que éste lo quemara con su habano mientras le invitaba a que le mirara a los ojos para ver si sacaba humo de ellos.

Estas familiaridades no tenían la más leve sombra de reciprocidad, puesto que, según reseña su biógrafo Hibbert y otros muchos similares, el príncipe Eduardo poseía un don especial para dejar tiesa a la persona que se atreviera a la más ligera franqueza. «No creo haberle dirigido la palabra», era la más suave e inofensiva de las frases con que cortaba a cualquiera que franqueara el mágico círculo de respeto que se debe a la realeza, sea ésta bromista o lo deje de ser.

Eduardo VII, antes y después de ser rey, se hizo famoso por la minuciosidad con que escrutaba la indumentaria de sus invitados e invitadas y les hacía las observaciones más agrias y secas a propósito de lo que él creía adecuado. Alguna señora tuvo que retirarse de actos de la corte, entre lágrimas y taquicardias, después de oír una destemplada observación del rey acerca de su vestido. Lo propio les pasó a caballeros del más alto rango, tal como un duque que cometió la falta de acudir a una fiesta en palacio llevando pantalones en vez de calzón corto y se oyó decir: «Vaya, ha venido usted vestido de embajador de los Estados Unidos», coz de doble efecto. Con la misma quisquillosidad escrutaba este personaje las condecoraciones, joyas, sombreros y otros complementos de cualquiera de sus invitados.

Es sabido que se atribuyen a Eduardo VII diversas modalidades del atavío masculino que han quedado ya consolidadas después de que él se las permitiera para su propia comodidad y gusto, tales como dejar sin abrochar el botón inferior del chaleco. Huelga comentar que él se daba esta licencia –que no hubiera tolerado en nadie– para aliviar la presión de su abdomen contra la ropa.

La elevación de espíritu del príncipe queda testimoniada, entre otros mil rasgos, por uno que recuerda su fiel cortesano Ponsonby. Cierta vez que el príncipe se encontraba en Alemania pidió repasar la lista de sus invitados en las últimas cenas que había dado y se horrorizó al ver que llevaba ya varias con trece comensales en la mesa. Su alteza se alborotó mucho por este motivo pero, de súbito, al cabo de un rato, resolvió que todo estaba en orden y arreglado. «¿Por qué?», preguntó el palatino. Su alteza explicó que la princesa de Hesse que asistía estaba embarazada.

La afición a humillar y pinchar a cualquiera que le rodeara fue heredada puntualmente por el rey Jorge V (1910-1936), el cual sumó a esta acritud la rudeza deliberada que creía haber adquirido durante su servicio en la Armada. Este matiz añadido, que contrastaba con la ocasional ligereza de trato de su padre, agravó la auténtica malignidad de sus ocurrencias.

En algunas de ellas, las víctimas no merecen tanta lástima como el común de los mortales, porque ellas mismas también participaban del don de la impertinencia propio de aquella realeza. Nos referimos, por ejemplo, al almirante lord Mountbatten, el cual, entre algunas otras especiales singularidades de su conducta, tenía la de conservar una muñeca con la cual había jugado en la infancia. No faltaba otro motivo para que, en cuanto el rey Jorge tenía ocasión, delante de la flor de los almirantes y los oficiales de la Navy, dirigiera bromas a su pariente a propósito de la muñeca en cuestión.

Los nada frecuentes contactos entre la realeza británica y la música han dado pie a sucesos varios que han adquirido una tonalidad áspera cuando el soberano ha reunido las características de Jorge V. Se habla así de que uno de los maestros de las bandas militares habituales en el palacio de Londres preparó durante meses y meses de ensayos, un arreglo de la *Elektra*, de Richard Strauss, para ofrecérselo al rey. Lo ejecutaron, con mucha ilusión, en el cambio de guardia de cierto día. A los pocos minutos llegó una nota de su majestad que decía secamente: «El rey ignora qué es lo que acaba de tocar la banda, pero no debe volverse a tocar jamás.»

Se refiere también que el ministro Anthony Eden, en cierto momento de sus negociaciones internacionales, visitó al rey Jorge. Mientras le recibía y le invitaba a sentarse, éste le dijo: «He dado instrucciones a la banda para que no toque hasta que yo lo ordene», cosa que el ministro entendió que era una deferencia para que pudieran hablar sosegadamente sin la música que había de empezar más o menos a aquella hora. Después de esto, el rey Jorge V dirigió a Eden una larga peroración sobre las ideas que él profesaba en aquel momento. El ministro, cuando el rey hubo acabado, se dispuso a contestar a aquellas observaciones. «Un momento, por favor –dijo el rey, y, antes de que el ministro pudiera empezar a hablar, tocó una campanilla y le ordenó a un paje que se presentó–: Dile al maestro de banda que ya puede empezar a tocar. ¿Decía usted, señor Eden...?»

Por lo demás, el soberano no se recataba de decir a todo el mundo que la ópera que le gustaba más de todas era la *Bohème* y cuando le preguntaban por qué, decía: «Porque es la más corta.»

El hijo del soberano, y rey también, siquiera fuese por breve tiempo, Eduardo VIII, heredó por entero la actitud paterna respecto de la música. Se recuerda que lady Colefax dio una cena a la cual asistió el monarca. Con cierto esfuerzo, la señora logró que Arthur Rubinstein accediera a asistir y tocar algo. La anfitriona le indicó al rey que el insigne pianista interpretaría la *Barcarola*, refiriéndose a la de Chopin, como era de suponer en Rubinstein. Éste empezó a tocar y Eduardo VIII hizo gestos de asombro, luego de enfado, más tarde dijo en voz alta que aquella *Barcarola* no era la que le gustaba a él y salió de la sala en medio de la interpretación. Mientras se marchaba, Rubinstein tocó un preludio de Chopin que sólo logró acentuar los ademanes de molestia del augusto invitado.

La señora de la casa estaba a punto de echarse a llorar. Rubinstein se levantó y se fue a tomar un whisky. Mientras tanto el rey se había acercado a la puerta y esperaba el coche. Churchill arregló el apuro llegando en aquel momento, y mientras con su sola presencia obtenía del rey que relajara su actitud y se mostrara amable, sonaron desde el salón los acordes de unas cancioncillas de moda que se puso a tocar Noel Coward, célebre por su finura en el remedio de baches sociales. El rey oyó aquellas musiquitas, sonrió y volvió a entrar en la sala. La señora de la casa acompañó a Rubinstein hasta que llegó un taxi con el cual se fue al hotel.

El príncipe Felipe, duque de Edimburgo (n. 1921), consorte de la soberana actual, tiene fama de haber continuado la rudeza e inoportunidad de aquellos egregios personajes. Hace ya tiempo que la prensa de todo el mundo recoge sus meteduras de pata, que no merece otro nombre su afición a prodigar muestras de humor inadecuado. En algunas ocasiones, estas travesuras han encontrado contestación. Se dice así que, cuando visitó oficialmente el Brasil, le preguntó a un almirante de dicho país si se había ganado las condecoraciones que lucía combatiendo en el lago artificial de Brasilia. El almirante respondió: «Por lo menos no me las he ganado sólo por casarme con mi esposa.»

Con más o menos justicia pero indudable indiscreción, el príncipe Felipe saludó al general Stroessner, presidente del Paraguay, diciéndole al llegar allí: «Es un cambio agradable el encontrarse en una nación que no está gobernada por su pueblo.» Fue todavía más grave que, en un programa de radio, hablando del paro obrero, el príncipe dijera más o menos: «Hace unos años la gente decía que quería tener más tiempo libre y que trabajaba demasiado; ahora que lo tienen, se quejan de que no hay trabajo; parece que la gente no sepa bien lo que quiere, ¿verdad?»

Apéndice

DEL HADO Y EL INFORTUNIO EN LA REALEZA

Al acabar este hilván de episodios de la realeza es forzoso sospechar que en la vida de tales personas se da una dosis de desdicha superior a la usual. Se hace difícil construir una teoría abstracta para organizar los centenares de observaciones sueltas que producen aquella sensación. Ciertamente, cuesta trabajo racionalizar cualquier aspecto de la vida: Horacio advertía ya a la hermosa Leuconoe que no consultara los «números babilónicos» –que eran en Roma una especie de «tarot»– ni quisiera escudriñar demasiado el futuro. No es menos dificultoso estructurar lo pasado. En nuestros mismos días está de moda filosofar sobre el caos y la complejidad. ¿Existen un orden, una simplicidad que deriven de la aptitud que el caos tiene en compensarse y aclararse él mismo?

En Laxenburg, cerca de Viena, hemos pasado muchos días con los ojos perdidos en la arboleda del que fue parque imperial, por donde se paseaba la emperatriz Isabel, de la cual acabamos de hablar tanto. Allí radica ahora el Instituto Internacional para el Análisis de Sistemas, templo de los intentos de infundir orden y concierto en el mundo. ¿Qué debe pensar Sissi de tales esfuerzos? ¿Acudirá la «dama blanca», fantasma fatal de los Habsburgo, a revolver por la noche los papeles de los hombres de ciencia? ¿Qué dirán éstos acerca de los probados casos de infortunio, de pésima suerte, de persecución por el *fatum* que han padecido tantas personas regias? Los estoicos quizá aconsejarían a esas víctimas de la desdicha que cultivaran la *apatheia,* la apatía, y se liberaran de las pasiones. Si fueran epicúreos, les predicarían la *ataraxia,* que permanecieran impávidos. A las personas regias se les han dirigido, desde la antigua Mesopotamia, largas exhortaciones y avisos. Se ha deseado que vivan en guardia, con cautela, con prudente represión de sus impulsos.

Ya Lucrecio, en *De la naturaleza de las cosas,* advertía que el enamorarse de algo es contrario a una vida feliz y sosegada. ¿Puede pensarse en que la tenga un rey o un miembro destacado de su casa? No nos perdamos en razonamientos elementales acerca de la cordura y el decoro que han de asistirle; es evidente que le son indispensables, y en este libro hemos enhebrado docenas de muestras de lo ruinoso que resulta que no ocurra tal cosa.

Más allá de semejante nivel de claridad y evidencia está otro estrato de sucesos: cabe pensar que un hombre dotado de poder juega «más fuerte» con la vida y está en situación de tener mucha más suerte o mucha más mala suerte que otra persona cualquiera. La historia abunda en ejemplos de ambas cosas, y antes hemos contemplado estilos diversos de comportarse respecto de ellas. Vamos a concluir ahora el libro sugiriendo algunos modos, formas y ocasiones en que el infortunio cae a menudo sobre personas regias, como en aquellas «coincidencias significativas» de Jung.

La averiguación completa ocuparía mucho más que una vida y condenaría sin falta a la desgracia a quien la emprendiera. Baste, pues, con unas cuantas indicaciones al desgaire.

Entre el blanco y el rosa, dos regios desastres ingleses

Es probable que a las embarcaciones les traiga mala suerte el ser equipadas con especial mimo para que las disfruten personas regias; no digamos ya, cuando además éstas se meten a dibujar los planos, porque entonces el desastre es seguro, según antes se ha comprobado. La lista de siniestros de esta especie es muy larga, pero podemos comenzarla por la desgracia del príncipe inglés Guillermo, hijo y heredero del rey Enrique I (1068-1135). En el año 1120 el príncipe, que había acompañado a su padre a Francia, donde éste había conquistado Normandía, se disponía a regresar a Inglaterra, hacia la cual había ya partido el rey. El príncipe tenía diecisiete años; ordenó con prisas y malos modos que le prepararan otro barco, y es de temer que metiera cucharada en el aparejo mismo.

El joven Guillermo pasaba los días y las noches rodeado por un tropel de amigotes, y todos ellos tenían por costumbre vivir en continuada borrachera. No puede sorprender que cuando les comunicaron que un barco llamado *La nave blanca* estaba aparejado, lanzaran aullidos de alegría y se dispusieran a zarpar. No los contuvo el ser informados de que hacía mal tiempo y el mar estaba muy levantado. Los marineros que habían de llevar la navegación estaban tan bebidos como los señoritos –feliz igualitarismo– y se apresuraron a asegurar al príncipe que darían alcance al barco del rey, aunque les llevaba cierto adelanto, pues a ellos no los humillaba nadie.

Se dieron tan buena traza para conseguirlo que, poco después de haber zarpado, el barco daba ya de frente con unas rocas que había cerca del punto de partida, puesto que *La nave blanca* se las había arreglado para describir rápidamente una U.

Las olas que martilleaban furiosamente contra

la costa lo que quedaba del barco tras el choque, lo despedazaron en corto tiempo. El príncipe Guillermo fue llevado a tierra en un bote, pero cuando estuvo a salvo se dio cuenta de que entre los restos del barco había quedado su hermana bastarda, la condesa de Perche, la cual lanzaba desgarradores clamores pidiendo auxilio. Estaban allí los primos del príncipe, los condes de Chester, igual de aterrados. El príncipe, sin duda serenado de las copas anteriores por efecto de la mojadura, volvió en el bote al barco, pero se abalanzó hacia él tanta gente desesperada que la embarcación dio la vuelta y se ahogaron todos. La leyenda cuenta que sólo se salvó un tripulante –hay quien añade que era el carnicero– el cual fue a informar al rey. Dícese que después del naufragio de *La nave blanca*, éste no volvió a sonreír.

Unos siglos más tarde, otra nave regia británica, conectada también con un rey Enrique, esta vez el octavo (1491-1547), padeció otra horrorosa desgracia: se trató del *Mary Rose*, buque insignia de su Armada. Su hundimiento ocurrió el 19 de julio de 1545 dentro de la bahía de Portsmouth, ante los mismos ojos del rey y de lady Mary Carew, esposa del almirante sir George Carew, que mandaba el barco. Poco antes de morir, Carew gruñó sombríamente: «Mis tripulantes son una partida de bribones ingobernables.»

El navío tenía unos treinta años y pico y se había distinguido tanto por sus cualidades técnicas como por su bravura y suerte en sus campañas. En algún momento se le comenzó a dedicar uno de esos cariños que matan, porque a fuerza de admirarlo y quererlo, el rey y sus consejeros ordenaron que el *Mary Rose* fuera ampliado, embellecido, rearmado y no sé qué más, en términos tales que ya hubo quien empezó a temer que el barco pesara más por arriba que por abajo, cosa de mal agüero.

Dejemos tranquilo un momento al *Mary Rose* para reflexionar con melancolía sobre que en todas partes cuecen habas. En aquel mismo mes de julio de 1545, Francisco I de Francia lanzó una armada contra Inglaterra, con 235 barcos y treinta mil hombres, mandada por el almirante Claude d'Annebault, hombre de poca gracia, según se va a ver. Lo primero que hizo el jefe francés fue dar una gran cena a bordo de su buque insignia, llamado *Carraquon*, que se llenó de magnates y señoras emperifolladas. Ocurrió que en las cocinas se prendió fuego, éste se propagó hasta la santabárbara y el barco voló, muriendo casi todo el mundo, menos el almirante. Corrió éste a buscar otro barco y hacerse a la mar, y, con el nerviosismo, embarrancó. Cuando salió del apuro, hizo rumbo a Inglaterra y al llegar a ella zozobró. Este triste suceso –al cual, por lo demás, sobrevivió el almirante Annebault, quien se procuró un tercer navío– nos servirá de parangón para lo que viene en seguida.

Precisamente para hacer frente a semejante invasión francesa estaba zarpando el *Mary Rose* de Portsmouth, a la vista del rey y su corte. Todo eran aclamaciones, risas, brindis, gallardetes y salvas, cuando los expertos empezaron a fruncir el ceño: el navío daba muestras de andar demasiado cargado. Bastaba con ver en cubierta a un exceso de gente –habían embarcado cientos de hombres de armas, llenos de pertrechos– y que la fila inferior de cañones estaba peligrosamente cerca del agua, la cual amenazaba entrar por las troneras que habían quedado abiertas. Además, se notó que la marinería se conducía con torpeza y confusión, debida en parte a la sobra de gente en cubierta y a que ésta no hacía más que estorbar, porque un caballero y hasta un soldado se daba de menos de ayudar en nada a los marineros. Nadie acertó una a derechas en cuanto se trató de poner remedio a aquel trance. Tal fue el momento histórico en que el almirante pronunció el penoso juicio sobre sus marinos antes citado. Probablemente fueron sus últimas palabras, porque el viento hizo escorar más al barco, el agua entró por las aberturas, la excesiva gente se fue hacia donde el barco se inclinaba, con lo cual se desequilibró todavía más, y, en suma, no tardó en hundirse en las olas.

Una ópera de ida y vuelta

La profesión de autor de óperas se cuenta probablemente entre las menos peligrosas del mundo. Sólo sabemos de uno de ellos que haya muerto asesinado. Esta rareza sube de punto si se medita en que precisamente el autor en cuestión fue un rey, Gustavo III de Suecia (1746-1792), y que fue asesinado en el teatro de la Ópera de su capital. Para colmo de singularidades cargadas de un misterioso colorido augural, el monarca fue tema de otra ópera célebre. Verdi se inspiró en su asesinato para componer la música de *Un ballo in maschera*.

Esta ópera fue presentada en Roma en 1859. Fue preciso modificar el protagonista y el ambiente porque en el año anterior, 1858, el anarquista Orsini había efectuado su célebre atentado con bomba contra Napoleón III y las autoridades de todos los países europeos sintieron especial recelo contra cualquier suposición, por literaria que fuera, de muerte airada de un monarca. Por consiguiente, la censura presionó larga y porfiadamente a Verdi para que variara el marco de su ópera. En vez de desarrollarse en Estocolmo en el año 1792, pasó a serlo en Boston en el siglo XVII, que ya es cambiar.

Produce un estremecimiento extraño el reparar en que el rey Gustavo III había escrito en 1786 el esquema de la ópera *Gustavo Vasa* para enaltecer a su antepasado. No fue ésta, ni con mucho, la única de sus producciones literarias públicas. Unos años antes había dedicado una obra teatral a enaltecer a otro predecesor en el trono, Gustavo Adolfo, y el mismo entusiasmo aplicó a fomentar las artes plásticas, no sin alarma de algunos resentidos que se quejaban de semejantes derroches.

Otros practicó el rey en variados ámbitos de su curiosidad, que era muy extensa. Por ejemplo, sentía mucho interés por los peligros que aparejaba el tomar café y se propuso luchar contra ellos. Para apoyar en bases científicas su aversión a tal bebida, obligó a dos criminales condenados a que tomaran café, el primero, y té, el otro, y dispuso que dos médicos los controlasen. Mientras el rey Gustavo se gozaba en la idea de ver pronto difunto al bebedor de café, el que murió fue uno de los médicos, luego el otro, y más tarde moriría el propio rey, como no tardaremos en ver. Muchos años después falleció el bebedor de té y finalmente, el de café. A pesar de los resultados, el café fue prohibido oficialmente en Suecia, rasgo de intolerancia que sorprende en un país tan avanzado. No menos intransigentes fueron los ciudadanos de todos los rangos que, en número creciente, iban protestando de que se prestara tanta atención y tantos caudales a semejantes distracciones cuando el país atravesaba una extremada crisis política y económica.

Al cabo, Gustavo III pagó aquellas suaves excentricidades, y alguna otra del mismo estilo hedonista, con su propia vida. La historia ha magnificado la figura de este soberano sueco de la época de la Ilustración y lo ha convertido en portal de la apertura de su reino a la modernidad, con cierta simetría a la fama que otorgamos en España a su contemporáneo Carlos III. Uno y otro reyes profesaron gran admiración por Federico el Grande de

Prusia, con el añadido de que el de Suecia era sobrino carnal de éste, y le visitaba y consultaba con frecuencia.

Un inconveniente contra el avance del rey sueco por las vías de la Ilustración fue la rivalidad que desde hacía muchos lustros sostenía su país con Rusia, en la cual reinaba la archiilustrada emperatriz Catalina la Grande. La ambigüedad de posiciones que entrañaba para el rey sueco semejante conflicto queda acreditada en la documentación dejada por el general venezolano Francisco de Miranda, el cual, según decimos en otros lugares, visitó a ambos soberanos y fue atendido por los dos con gran efusión.

El viaje de Miranda a Suecia, viniendo de Rusia, se efectuó en 1787 y en su decurso el rey Gustavo obsequió al visitante, a pesar de conocer su ya definido antagonismo respecto de la corona de España. En otoño de aquel año, Miranda cumplimentó al rey de Suecia quien le dedicó hora y media de audiencia. El rey inquirió sobre el viaje de la emperatriz al sur de su imperio, el estado de Crimea, la posición de Kerson y también sobre los viajes de Miranda a Italia, Turquía y Grecia. Hablaron luego de España, de su decadencia, el desorden de las finanzas de Felipe IV, el abandono en que se encontraban las minas españolas. A este respecto, el soberano le comunicó que el rey de España había solicitado a su gobierno el envío de mineros suecos, según ha estudiado la gran investigadora de los hechos de Miranda, Josefina Rodríguez de Alonso. Ésta añade: «Gustavo III le preguntó qué le había parecido Suecia, y hablaron luego de la región de Dalecarlia, de sus minas, del bienestar de sus habitantes. El rey inquirió también dónde pensaba dirigirse al marchar de Suecia, y si se proponía permanecer largo tiempo en Inglaterra. El rey pidió su opinión sobre los hospitales y las prisiones suecas. Gustavo III se retiró, para dejar a nuestro viajero examinar a gusto sus colecciones de medallas.»

Miranda fue invitado a asistir al teatro de la corte para ver el *Tancredo* de Voltaire. Fue colocado detrás del asiento que ocupaba el rey. El telón se levantó a la llegada del soberano, quien, durante el entreacto, comentó brevemente con el visitante algunos aspectos de la representación, y éste hizo notar a su majestad que generalmente los reyes no hacían vida social. Gustavo replicó que su tío, el gran Federico, exceptuando tres o cuatro hombres de letras, no veía nunca a nadie más. Al final del espectáculo, el rey había quedado muy satisfecho de su entrevista con él. Una vez más, da un cierto repelús pensar en que un rey tan amante del teatro tendría una mala muerte tan teatral, en el primer coliseo de su reino.

En la Academia de Ciencias, Miranda vio en la sala de juntas el busto de su fundador, el conde Hopkins. Era el marido de la bella condesa Hopkins, la cual había servido de modelo al escultor Sergel para su *Venus Calipygia*. Un día que se encontraba en el taller de éste, Miranda quedó sorprendido al ver entrar al rey acompañado solamente por un oficial. Gustavo III le saludó con gran cordialidad, preguntándole si no consideraba que Sergel era el mejor escultor de la Europa contemporánea. Y dijo al artista que descubriera el colosal grupo alegórico de *Oxenstierna y la Historia* que debía acompañar el monumento a Gustavo Adolfo. «Yo quiero que Oxenstierna –precisó el monarca refiriéndose al gran ministro de Gustavo Adolfo– participe también en su gloria, pues creo que los reyes deben la suya a ministros de tal envergadura.» El rey conversó más de una hora con Miranda y le indicó que no dejara de ver, en palacio, la colección de trajes históricos de los soberanos suecos.

«Es un hecho verdaderamente excepcional –comentó Miranda– ver a un rey en el taller de uno de sus súbditos, sólo porque tiene gusto en ello, y oírlo elogiar el valor de la obra del artista para animarlo en su trabajo. Tal gesto debe encontrar en la nación un eco muy favorable.» Y concluye: «El rey tiene la cara completamente torcida. Debe ser un defecto de nacimiento, pero es impresionante mirarlo.»

Mucho más agitada que la española de aquel tiempo –la risa va por barrios–, la política escandinava del siglo XVIII estuvo presidida por el conflicto entre el bando llamado «de los sombreros» y el que se le enfrentaba bajo el nombre de «los gorros». Estos apodos, un tanto grotescos, caricaturizaban el antagonismo entre un partido oligárquico, militarista y reaccionario y otro popular, mercantil y pacifista, al que sus adversarios ridiculizaban como «el de los gorros de dormir». Curiosamente, el bando populista preconizaba la amistad con Rusia. Gustavo III trató de reconciliarlos, sin éxito; se movió luego dificultosamente en una guerra desdichada contra la zarina Catalina y, apenas había empezado a recobrar el equilibrio, vio comenzar la Revolución francesa y resonar en su país el perpetuo contraste entre tradición y liberalización. Da trabajo resumir en términos modernos y nuestros el barullo de las pasiones políticas suecas de aquella época. Ayudará a que nos centremos el calificar de aristocrática a una conspiración contra el rey Gustavo, la cual se radicalizó velozmente. El conde Frederick Axel de Fersen fue uno de sus cabecillas.

Su hijo Axel se encontraba en París en la misma época, esforzándose en ayudar a la familia de Luis XVI a salir del horrible trance que la atenazaba, en los más agudo de la Revolución francesa. Para intentarlo, urdió el designio de su fuga malhadada a Varennes, preludio del encarcelamiento, proceso y muerte de los reyes de Francia. ¿Estaba enamorado Fersen de María Antonieta?

Gustavo III sería víctima de unos disparos durante el baile de máscaras celebrado en la Ópera de Estocolmo en la noche del 16 de marzo de 1792. Tardó trece días en morir. Sin duda, en la ópera de Verdi, *Un ballo in maschera*, el héroe no se demora tanto en fallecer.

Números preocupantes y rachas de mala suerte

Se ha escrito mucho acerca de combinaciones numéricas que jalonan algunas biografías de personajes o ciertas etapas de la vida colectiva. No es faena del historiador entrar en cábalas numerológicas, pero sí lo es anotar que otros lo han hecho y sospechar que no faltarán quienes sigan haciéndolo, máxime si cuentan con los agigantados métodos de cálculo de hoy. Se ha hablado mucho de que la vida de algunos reyes estaba reflejada en unos artificios numéricos, como veremos.

Desde la historia de España es inevitable resaltar la fecha del 18 de julio y sus inmediatas, porque en ellas ha habido una desproporcionada abundancia de batallas y revueltas. En la jornada del 17 de julio de 1134 murió en el asedio de Fraga el rey de Aragón Alfonso I el Batallador. El 19 de julio de 1195 padeció Alfonso VIII de Castilla la desastrosa derrota de Alarcos, antes reseñada.

El 18 de julio de 1808 entró José I en Madrid; en semejante día de 1909 empezaron los tumultos de la Semana Trágica en Barcelona. El 19 de julio de 1808 hubo la batalla de Bailén. Como hemos visto antes, el 16 de julio de 1212, la de las Navas de Tolosa. Dejamos al lector, como dicen en los libros de matemáticas, el ejercicio de meditar sobre estas coincidencias.

El tema tiene alguna conexión fantasiosa con episodios de la historia contemporánea de España donde se concentra y espesa la mala suerte en términos alarmantes, según veremos pronto.

El rey que estuvo acaso más lastrado por combinaciones numéricas de signo infausto fue Enrique IV de Francia, patriarca de la dinastía de Borbón. Déjesenos decir que Enrique IV era el soberano número 14 de la moderna monarquía francesa, que tenía catorce letras en el nombre de Henri de Bourbon, que había nacido el 14 de mayo de 1553; su primera esposa, Margarita de Valois, había nacido el 14 de mayo de 1552; los parisienses se amotinaron contra el poder el 14 de mayo de 1558; el rey ganó la batalla de Ivry el 14 de marzo de 1590, y el 14 de mayo de 1590 hubo una gran manifestación contra él. En suma, fue advertido de que no celebrase la coronación de su segunda esposa, María de Médicis, porque se estimó de mal agüero el 13 de mayo de 1610. Enrique IV desoyó el aviso y fue asesinado el día 14 por Ravaillac.

En otro ámbito, que ha sido a veces emparentado con el de la numerología judiciaria, se maneja el nebuloso, oscuro y a menudo agresivo apodo de «gafe». El repertorio de personas regias que han padecido la fama de serlo está por estudiar con detenimiento, si es que un tema tan vago admite tal dedicación. Sin embargo, en los decenios finales del siglo pasado y primeros del presente se vivió en España, sin ir más lejos, una acumulación de desdichas tan insistentes que muchos pensaron que en los vértices de ellas había personajes afectados de gafancia. Vamos a bosquejar los hechos, sin entrar ni salir en esta calificación.

Ya es sabido que a continuación del destronamiento de Isabel II en 1868 vino la penosa búsqueda de un rey para España, entre los príncipes de Europa. Se habrían de repetir las situaciones deprimentes para la dignidad de España que ya se habían dado en ocasión del matrimonio de Isabel II y su hermana, con la variante de que la corona de España era menos codiciada que veinticinco años antes, y no abundaban los príncipes dispuestos a instalarse en el trono de un país tan confuso y agitado. En cambio, lo que no deseaba ninguna nación es que el príncipe de una tercera se instaurase en España, y de aquí resultaron tensiones y rivalidades entre ellas. Prim desplegó especial actividad en la busca de un rey y creyó encontrarlo por un momento en la familia real prusiana de Hohenzollern, pero la oposición francesa a esta solución la frustró, y de paso aceleró el estallido de la guerra francoprusiana de 1870. Hubo que buscar un sustituto en la casa de Saboya, y se le encontró, tras algunas dificultades que él opuso, en la persona del duque de Aosta, que al cabo reinaría en España con el nombre de Amadeo I.

Este príncipe liberal y progresista fracasó en su intento de captarse la adhesión de los españoles, buena parte de los cuales estaban inclinándose hacia la opción carlista, que vivía una de sus horas mejores.

El monarca ha dejado vigorosa fama de gafe, que estuvo fundamentada en coincidencias llamativas antes, durante y después de su paso por el trono de España (31 de octubre de 1870-11 de febrero de 1873). Una de las más graves fue el atentado que se perpetró contra él en la calle del Arenal... ¿En qué día? ¡Faltaría más, el 18 de julio! Éste fue el del año 1872, cuando varios individuos, apostados con llamativa analogía al atentado de Prim que en seguida indicaremos, tirotearon su coche.

El príncipe saboyano padeció desde el primer día el inconveniente de hallarse privado del respaldo de su principal valedor, el general Prim. Éste fue asesinado el 27 de diciembre de 1870, y el 2 de enero siguiente llegó el nuevo rey a Madrid para enfrentarse, muy solo, a una nación adversa. Su fracaso implicó el descalabro de una maniobra solapada para menoscabar a la Santa Sede, cuyo enfrentamiento con la casa de Saboya estaba todavía sangrante. No se logró, pues, instaurar en España un estilo de monarquía al estilo laico y avanzado de la italiana. Raymond Carr llama «monarquía artificial» al bienio que duró el experimento saboyano en el trono de Madrid. El rey comenzó a pensar en marcharse, por ésta y otras muchas razones. En una conversación con el presidente del gobierno, Ruiz Zorrilla, éste indicó que la abdicación haría imposible compaginar la monarquía y la democracia. «Eso sucede aquí», interrumpió la reina María Victoria del Pozzo della Cisterna, esposa de don Amadeo, más lista que él, que no lo era nada. «Señora, y ¿por qué causa?», preguntó el presidente. «Porque en España la democracia no existe. Lo que hay, sí, es chusma», dijo la reina saboyana. Y punto.

Al arrancar el tren que le devolvía a Italia, Amadeo citó en voz alta los célebres versos del *Tenorio*:

Ahora que los sevillanos
se los compongan con él.

El 11 de febrero de 1873 una llamada Asamblea Nacional, formada precipitadamente por la reunión de las dos cámaras, aceptó la renuncia del rey Amadeo, presentada en forma irregular, y proclamó en el acto la República, del mismo modo improvisado y antirreglamentario.

El llamado poder ejecutivo englobó, en la primera República, a la presidencia del Estado y del gobierno, y el primer titular de aquél fue don Estanislao Figueras, el cual lo ejerció durante cuatro meses justos, del 11 de febrero al 11 de junio de 1873, y fue el presidente, entre los cuatro que tuvo el régimen, que permaneció más tiempo en el cargo.

Tras el fracaso y la decepción del presidente Figueras, le sucedió el hegeliano Francisco Pi y Margall, el cual permaneció en el cargo menos de un mes, desde el 11 de junio hasta el 8 de julio, y manifestó al dimitir: «He perdido mi tranquilidad, mi reposo, mis ilusiones, mi confianza en los hombres.» Nicolás Salmerón, que le relevó durante menos de dos meses, entre el 8 de julio y el 7 de setiembre, comentó: «Vivimos en un completo aislamiento. Casi todas las naciones de Europa nos estiman como un verdadero peligro.» En la etapa final de la República, se desataría el fenómeno cantonal, con la disgregación independentista de varias zonas del país, una de ellas Cartagena, donde el caudillo popular Antonete Gálvez se apoderó de parte de la marina de guerra, disparó sobre Alicante y dio motivo a Inglaterra y Alemania para intervenir con el fin de poner coto a la amenaza internacional que representaba el que unos buques de guerra estuviesen en semejantes manos. Cartagena tuvo que ser asediada y tomada a tiros, y los rebeldes de la escuadra huyeron en la fragata *Numancia*. Todos estos desastres impulsaron una viva reacción conservadora en el país.

Emilio Castelar intentó poner orden en éste, haciendo uso de la autoridad política que le asistía, pero no llegó a gobernar ni cuatro meses (de 7 de setiembre de 1873 hasta 3 de enero del año siguiente). En esta última jornada estaba en curso una votación parlamentaria en la cual habría sido derrotado y relevado, cuando el capitán general de Madrid, don Manuel Pavía, que era amigo suyo, promovió la ocupación militar del Congreso y el desalojo de los diputados, en son de suspender sus trabajos. No se trataba, empero, de alterar la forma política del Estado, la cual quedó indefinida: se retornó a confiar la regencia al general Serrano, durante cuyo mandato fueron presidentes del gobierno don Juan Zabala, hasta el 3 de setiembre de

1874, y don Práxedes Mateo Sagasta, hasta el 31 de diciembre. Es superfluo subrayar que todos estos episodios y los que seguirían fueron fertilísimos en anécdotas y sucesos chocantes que no caben ni en un grueso volumen.

Cerremos este resumen de una época de la historia de España en la cual muchos creyeron supersticiosamente que el país había quedado «gafado» por las radiaciones de Amadeo de Saboya. Se restauró la monarquía borbónica en la persona de Alfonso XII. Que sepamos, no hubo en él ni en su reinado coincidencias ni artificios numéricos.

Para retornar muy sumariamente a la escena española de fin de siglo huelga filosofar sobre que en esta etapa, España vivió agobiada por calamidades políticas, y por otras ajenas a la política, mucho más graves que las ya habituales en esta última: en verano de 1884 empezaron a advertirse indicios de una epidemia de cólera, que se propagó pavorosamente y en el año siguiente llegó a extremos dramáticos. Alfonso XII escribió una de las páginas más emotivas de su reinado al escapar un día de la vigilancia de su escolta y presentarse prácticamente solo en el hospital de Aranjuez donde eran atendidos los enfermos. Hubo también en la Navidad de este año graves terremotos, que causaron muchos muertos y destrucciones importantes, sobre todo en Andalucía. En el orden político acaecieron también sucesos preocupantes: en agosto de 1885 se supo que el cañonero alemán *Iltis* se había presentado en la bahía de Yap, en las islas Carolinas, de soberanía española, y había pretendido tomar posesión de ellas. El suceso provocó un apasionado conflicto con Alemania, el cual acabó sometido al arbitraje del Padre Santo, León XIII, quien se pronunció en favor de España. Por otra parte, en la primavera de 1884 habían comenzado a registrarse algunos brotes de republicanismo, como el de una partida de militares que se sublevó en Santa Coloma de Farners, el 29 de abril, cuyos dos jefes fueron condenados a muerte y fusilados. En la frontera pirenaica hubo sucesos parecidos y en Andalucía rebrotó y se consolidó el antiguo bandolerismo.

En el mes de noviembre hubo un grave conflicto en la Universidad de Madrid cuando el catedrático don Miguel Morayta, republicano y masón, pronunció un discurso muy agresivo en presencia del ministro del ramo, don Alejandro Pidal. El hecho desencadenó una serie de actos represivos y de protestas, con serios desórdenes estudiantiles. La prensa se espantaba, al mismo tiempo, de la delincuencia creciente en las grandes ciudades y de la escalada de los movimientos obreros de estilo anarquista y marxista. En 1885 era presentado al rey el «memorial de greuges», o agravios, por parte de una representación cívica catalana, hecho que constituye uno de los primeros actos definitorios del movimiento catalanista.

El 27 de noviembre de 1885 formó gobierno Sagasta, por cuarta vez, y lo presidió, a través de cinco modificaciones parciales, cerca de cinco años, hasta el 5 de julio de 1890. Había muerto el día 25 el rey Alfonso XII sin sucesión masculina, dejando embarazada a su esposa. Ésta fue nombrada regente. La infanta Pilar de Baviera retrató años después al malogrado soberano en sus memorias, estimándole «hombre de carácter muy firme y de inteligencia demasiado independiente; no podía avenirse a ser instrumento de una facción política».

Para retornar al estamento de los gafes, dejaremos nota de que otro personaje de tal especialidad fue el príncipe Cayetano María Federico, conde de Girgenti, hijo del rey Fernando II de Borbón, de las Dos Sicilias. Casó con la infanta Isabel, hija de Isabel II y don Francisco de Asís, y, tras un sinnúmero de sucesos infortunados, se suicidó en Lucerna el 26 de noviembre de 1871. Acaso sea la página más notable de su trayectoria de desastres el incendio que, en la armería real de Madrid, provocó la simple llegada de su espada que él había enviado, antes de morir, a la reina Isabel. Ésta, con harto motivo, se había abstenido hasta de mirarla.

En otros lugares de este libro, se habla del primo de nuestra reina Victoria Eugenia, el infortunado lord Louis Mountbatten, asesinado por el IRA, el cual padeció también en su día la reputación de ser un gafe de categoría internacional. Antes de nuestra guerra civil, en el curso de su carrera en la Armada británica, Mountbatten pasó por Barcelona abundantes veces, e incluso residió alguna breve temporada en ella. Su bella esposa iba siguiendo a la flota de puerto en puerto para reunirse con su marido siempre que era posible. En Barcelona, tuvo una niña prematura. Vivía en el hotel Ritz y su marido, cuando llegó precipitadamente para acompañarla en el trance, pensó desahogarse comentando sus apuros y llamó al capitán general de Cataluña, que en aquel tiempo era don Emilio Barrera. Quizá no le explicó bien qué tipo de preocupación sufría. El caso es que el general Barrera creyó resolver los problemas de su colega mandando un piquete de soldados al hotel Ritz para que se pusiera a sus órdenes... ¿y ayudara en el parto? Don Juan de Borbón se reía mucho cuando le referí esta historia, que a mí me había explicado Mountbatten. El conde de Barcelona, que conocía sin duda la fama maléfica de éste, desvió el tema de nuestra conversación rápidamente.

De haberlo yo pensado mejor, me habría abstenido de tocar allí asuntos de gafancia, porque un renombrado y trágico gafe, según la malicia madrileña, había sido el propio Alfonso XIII, además de la misteriosa eficacia dañina que pudo tener sobre él el número 13, presente en sus acaecimientos en forma sobreabundante. Ya en su época se comentó la repetición del número 13 en la crónica del monarca, en general para coincidir con hechos infelices. No queremos ahora repetir aquellas habladurías, pero tampoco hay que silenciar que el rey sufrió un atentado el 13 de abril de 1913, en Madrid, en la calle de Alcalá, cerca de la del Turco, donde habían matado a Prim. Varias crisis graves de gobierno ocurrieron en días 13. El 13 de agosto de 1934 murió su hijo Gonzalo. En suma, el día 13 de abril de 1931 fue el último de su reinado efectivo y el de su salida de España.

Dejando aparte la llamativa repetición de este número en la biografía del soberano, las gentes dieron en atribuir a Alfonso XIII mala suerte congénita. Este remoquete fue exagerado por los italianos –muy atentos a tales radiaciones de *jettatura*– durante la discutida visita que nuestro rey hizo a Italia en 1923, junto con Primo de Rivera. Escribe David Randall, en su citado libro *Royal follies*, que el viaje estuvo tachonado de desgracias: antes de que el rey tocase tierra italiana, varios marineros de esta nacionalidad se cayeron de sus unidades y se ahogaron; hubo una explosión en un submarino próximo; un cañón que iba a disparar salvas, estalló; un oficial al que el rey dio la mano se desmayó en el acto y murió poco después. Por aquellos días reventó un embalse en el lago de Garda y murieron cincuenta personas, mientras medio millar quedaban sin casa. Mussolini –dícese– no quiso estar nunca cerca de don Alfonso y todo lo que tuvieron que hablar lo trató por medio de terceras personas.

Años después, cuando nuestro rey se instaló en Italia, su entrada en los locales donde se conocía esta sospecha provocaba nerviosas reacciones, según me comentó Julián Cortés Cavanillas, atento a los problemas ocultistas, a los que dedicó muchos afanes.

Autor de libros de historia muy apreciables, periodista de notoria sagacidad, leal como pocos a Alfonso XIII y su familia, Cortés Cavanillas fue hombre de saberes y contactos muy variados, comprendida la vivencia de abrir un restaurante en Madrid. Amigo de aquel «mago de Nápoles» que tanta expectación atrajo en su día en Italia y en España, Julián no hacía ascos a mezclar temas paranormales con los datos exactos que había estudiado en las más límpidas fuentes. De este modo, alguna vez comentamos si los infortunios de Alfonso XIII no tendrían acaso correlación con los que se precipitaron con asombroso espesor sobre los Habsburgo, a cuya egregia casa pertenecía la madre del rey, la admirable María Cristina. Si se lamentan y comparten las tristezas que afligieron a la casa real española o las que cayeron sobre Francisco José de Austria, su familia y su país, más respeto merece todavía la figura de una mujer que reunió, como doña María Cristina, en su persona ambas causas de pesadumbre.

Fallecida en 1929, la que habiá sido regente de España en una de las peores épocas de su historia, tuvo tiempo de ver la hecatombe de Austria, su patria, y de su familia de allí, y de intuir que se avecinaba para España otra catástrofe, tras haber salido ésta como pudo de la de 1898. El capítulo que sigue describe el negro hado que gobernó la vida del archiduque Rodolfo de Habsburgo, una figura grata y próxima a doña María Cristina y muy aficionada a nuestro país, conforme veremos.

El archiduque ornitólogo

Sentimos el mayor respeto por la ornitología, poética rama de la zoología, y por sus cultivadores. Nadie podrá tomar a mal que cataloguemos como extravagancia peyorativa un episodio de amor a la ciencia de los pájaros. En seguida se verá que censuramos el exceso en esta dedicación porque lo cometió el heredero del Imperio austro-húngaro, obligado desde su nacimiento a otras tareas que eran de dedicación exclusiva. Tal fue el caso del infortunado archiduque Rodolfo, hijo de los penúltimos soberanos reinantes en Viena. Su enigmático suicidio en Mayerling en el año 1889 puso término a una vida hiriente y herida, llena de confusiones y rebotes, donde nadie supo discernir las interacciones entre lo psicopatológico, lo político, lo soñador y lo familiar.

La inclinación a la ornitología del archiduque Rodolfo de Habsburgo llama la atención, sin embargo, porque comenzó en plena infancia, de modo que sólo en ciertos años y modalidades pudo valer como contrapeso de la vida de palacio que a él le parecía opresiva. Tenía sólo doce años el personaje cuando compuso un pomposo estudio de más de cien folios acerca de las águilas. Para entonces ya llevaba varios años como observador minucioso de las costumbres y circunstancias de aves y pájaros. En 1876, a sus dieciocho años de edad, Rodolfo asumió el cargo de protector de la Asociación Ornitológica y se dedicó seriamente a relacionarse con las figuras mundiales más autorizadas en tal especialidad. En estos tratos mostró erudición, esmero, perfeccionismo y discreción, cualidades que brillaban por su ausencia en todos los demás ramos de su actividad, y recibió por ello unos aplausos que nadie concedía a sus facetas de príncipe, de militar y caballero, ni siquiera de padre de familia y ciudadano.

Condenado por misteriosas fatalidades a llevar el escándalo consigo, el archiduque hubo de pechar con que hasta la ornitología le crease problemas. Una de las personalidades más célebres de ella era Alfred Brehm, cuya asistencia quiso pronto procurarse Rodolfo, el cual era treinta años más joven que el hombre de ciencia. Se conocieron en 1873, en la Exposición Mundial de Viena y un tiempo más tarde Brehm llenó de alegría a su admirador dedicándole los dos tomos sobre pájaros que formaban parte de su tratado de zoología. Rodolfo le escribió: «Me enorgullezco de que su obra, que es única en su especialidad, aparezca tan íntimamente conectada conmigo a través de la dedicatoria en que ha estampado mi nombre. Puedo asegurarle que su tratado, y especialmente los dos tomos sobre pájaros, me ha proporcionado una gran satisfacción; son mis constantes compañeros y los utilizo abundantemente puesto que la zoología es mi estudio favorito, y en especial la ornitología, tanto en la naturaleza libre como en la mesa de trabajo.»

Por lo que tocaba a su relación con el príncipe heredero del imperio, Brehm presentaba el inconveniente, dentro de los parámetros de su ambiente, de ser protestante, darwinista, liberal, anticlerical y masón, y hacer además ostentación y proselitismo de las cinco cosas. El arzobispo de Praga, cardenal Schwarzenberg –el cual añadía a la púrpura el provenir de una de las diez primeras familias de Austria–, dio una atrevida batalla a Brehm y sus círculos y no vaciló en expresar al emperador Francisco José los variados puntos en que el mentor del archiduque se enfrentaba con todas las tradiciones divinas y humanas a las que éste figuraba estar integrado. La prensa católica y la librepensadora tomaron parte en tales enfrentamientos y los convirtieron en materia de comentario callejero. Por lo demás, era notorio que el archiduque abrazaba cualquier causa que pudiera molestar a su padre, fuera la que fuera: el independentismo checo o húngaro, las reivindicaciones obreras, el relativismo moral, el arte y las letras de vanguardia, el pacifismo, y así sucesivamente.

A pesar de las refutaciones de los integristas, el heredero de la corona no dudaba en tener convidado durante semanas al célebre ornitólogo en la residencia imperial donde se encontrase. Brehm se movía por sus salones fumando en pipa, vestido con descuido, entrando y saliendo a sus anchas, entre grandes aspavientos de la escandalizada corte. Ésta sólo quedaba relativamente tranquila cuando los dos amigos se iban de campo a estudiar los pájaros en su propio ambiente. Además de las conexiones de Brehm con círculos suspectos, el entusiasmo que ambos compartían por los problemas pajariles acababa repercutiendo en cuestiones de gobierno.

En efecto, el archiduque, adelantándose a los defensores actuales del medio natural, se encendía furiosamente a propósito de la necesidad de proteger especies y ejemplares. Los gobernantes apenas tenían tiempo ni humor para asuntos tales, pues les apremiaban otros más agobiantes. Mientras Europa entera iba caminando hacia la catástrofe que se vislumbraba en el horizonte, el archiduque escribía a Brehm: «¿Quiere usted acompañarme a estudiar las águilas en la Hungría del sur? Tengo datos acerca de unos veinte nidos de águilas y creo que todos sacaremos provecho de ir a visitarlos y estudiarlos con diligencia.» El archiduque aludía a que de semejantes excursiones formaban parte a menudo otros ornitólogos, con sus respectivos ayudantes y amigos, componiendo un cortejo tan animado como insólito, con sus jaulas, redes, perros, escopetas, libros, catalejos, comida de pájaros, piezas por disecar y otros mil bultos y artefactos.

Tiene especial interés para nosotros que el archiduque Rodolfo viajara en abril y mayo de 1879 por España, junto con el príncipe Leopoldo de Baviera y los palaciegos condes de Bombelles y de Wilczek, además del insustituible ornitólogo Brehm. Los preparativos del viaje tomaron meses, y Rodolfo se dedicó con tanto mayor cuidado a Brehm cuanto que éste había enviudado y se halla ba muy deprimido. El grupo llegó a Barcelona a bordo del yate *Miramar*. Algunas familias notables de Cataluña estaban ilusionadas por recibir al archiduque, pues descendían de antiguos partidarios de la Casa de Austria en la guerra de Sucesión. Los desengaños que había ocasionado dicha contienda se reprodujeron cuando el príncipe anunció que en Barcelona se proponía exclusivamente estudiar los pájaros del bosque. Wilczek escribió: «Dado que S. A. I. y R. se pasaba el día entero allí, me propuse visitar a todos aquellos grandes señores y excusar la ausencia de él, diciendo que tenía cosas importantes que hacer. Fue una tarea sumamente penosa para mí y creo que los barceloneses leales quedaron muy disgustados.»

En Madrid, el imperial visitante se encontró obligado a someterse un poco más a las exigencias de su condición, con tanto mayor motivo cuanto que en Viena había trabado amistad con Alfonso XII, durante los años en que éste estudió en el «Theresianum». Además, las dos hermanas de nuestro rey se contaban entre las posibles princesas europeas casaderas con el heredero de Austria, y ninguna de las dos familias creyó superfluo que sus vástagos se conocieran un poco. La simpatía y la gracia de nuestras infantas Paz y Eulalia no lograron apartar al archiduque de sus obsesiones ornitológicas y cinegéticas.

Apenas pudo librarse de cumplidos cortesanos, se fue a cazar cabras montesas en la sierra de Gredos; luego pasó a dedicarse a los buitres en el área de Cartagena, embarcó para estudiar una familia peculiar de gaviotas de la isla de Alborán y más tarde hizo una excursión a Sierra Nevada y una breve visita a Gibraltar y Tánger. También pasó rápidamente por Jerez, Lisboa, Oporto, Asturias y Bilbao. El archiduque se proponía escribir un libro sobre España, tal como su primo Luis Salvador lo haría sobre las Baleares.

Se han conservado en el Archivo de Estado de Viena unos borradores de notas que tomó: «España me ha gustado –decía–; el cementerio de los que antaño fueron grandes, el escenario de grandes transformaciones; las ruinas de la polvorienta Edad Media y las intrigas de los primeros siglos de la edad moderna excitan el espíritu; son impresionantes las altas cumbres calvas y despobladas, los castillos abandonados, los claustros derruidos y las iglesias oscuras.» El archiduque destacaba luego, entre todas sus impresiones españolas, la exaltación que le había producido la Alhambra, a la cual describía como «un fragmento de Oriente, con todo el esplendor de los colores, un capítulo de *Las mil y una noches*».

El archiduque no fue ajeno a la boda de Alfonso XII con la archiduquesa María Cristina, que se celebró en noviembre de aquel mismo año 1879. Rodolfo se casaría en 1880 con la princesa Estefanía de Bélgica, boda aciaga cuyo infortunio fue uno de los diversos antecedentes del misterioso drama de Mayerling, nueve años más tarde.

Tomada en sentido amplio, puede servir para broche de este episodio –y aun de todo el presente libro– una frase de *Hamlet* que justifica que se dedique atención a semejantes rarezas. Está al final de la primera escena del acto tercero y la dice el propio rey, detalle de no escasa significación. «La locura en los grandes –afirma– no debe quedar sin vigilancia.» En la escena final de la obra proclama Horacio: «Dejad que yo relate al mundo, que aún lo ignora, de qué modo han ocurrido estos sucesos. Así conoceréis de actos impúdicos, sangrientos y monstruosos; de muertes producidas por la astucia y la violencia, y, como remate, de maquinaciones fallidas, que caen por descuido sobre la cabeza de sus inventores.»

BIBLIOGRAFÍA

El presente libro tiene su arranque, y alguna parte de su contenido, en dos obras inglesas: *Royal follies*, de David Randall, publicada por vez primera en Londres, 1987, por W. H. Allen & Co., y *The Oxford book of royal anecdotes*, editado por Elizabeth Longford, en la Oxford University Press, 1991. Esta línea de apuntes y estampas sobre la vida de la realeza llegó a su madurez en el siglo XVIII, si no antes, en el seno del movimiento memorialista abanderado por Saint-Simon. En la misma época floreció el repertorio de libros de viajes urbanos y palatinos. El venezolano Francisco de Miranda es buen ejemplo de viajero curioso y agudo, cordialmente recibido en las cortes de la Ilustración, cuyos intríngulis se goza en referir. Como se ha indicado, ha estudiado su biografía Josefina Rodríguez de Alonso, autora de semblanzas suyas publicadas en Caracas, en 1982, y en San Sebastián, en 1986. Esta misma colección «Memoria de la Historia» de Editorial Planeta es un escaparate magnífico de la fecundidad de semejante estilo de exposición. S. Baring Gould, en Inglaterra, abrió francamente, hace más de un siglo, la cacería de curiosidades históricas, la mayoría de ellas conectadas con el trono, publicando en 1889 sus *Historical oddities and strange events*, y editoriales como Guinness y Faber, entre otras, han abundado en incluir episodios regios en sus conocidos manuales y repertorios de sucesos singulares.

El propósito que guía este libro es afín el que generó las recopilaciones de curiosidades históricas y literarias como la célebre de Giuseppe Fumagalli *Chi l'ha detto?* (Milán, 1934, y otras eds.), la cual se basa, a su vez, en una añeja tradición humanística, que puede retrotraerse hasta los *Adagios* de Erasmo de Rotterdam y las recopilaciones renacentistas españolas de Luis Zapata, Alonso de Santa Cruz y Juan de Timoneda, entre otras muchas. A mediados del siglo pasado tuvo éxito la que efectuó en Berlín, en 1864, George Buschmann, con el título de *Geflügelte Wörter*. En Francia Edouard Fournier había emprendido una tarea parecida con *L'esprit des autres* y *L'esprit dans l'histoire*, continuado por la obra de Alexandre, *Le musée de la conversation* (París, 1897, 3.ª ed.). A comienzos de nuestro siglo se publicaron los doce volúmenes del ingente *Dictionary of Quotations*, de Dalliac y Harbottle, en Londres.

Indiquemos también la bibliografía anexa a los cuatro volúmenes de nuestro *Reverso de la Historia*, Barcelona, Círculo de Lectores, 1993-1994; el aparato erudito de nuestra *Nueva Historia de España*, y nuestras biografías de Felipe V, Carlos III, Fernando VII y el emperador Carlos VI, pretendiente a la corona de España.

Índice onomástico